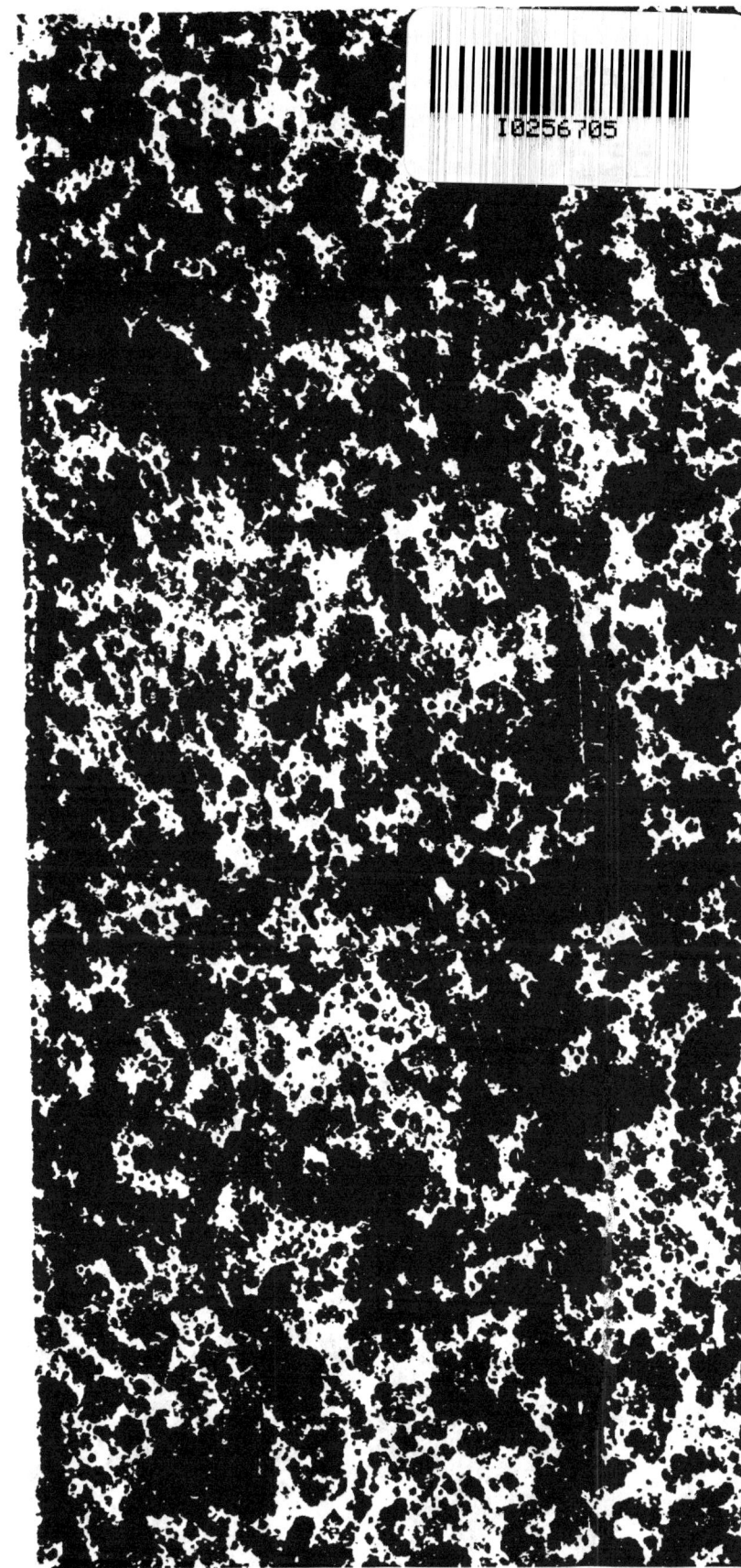

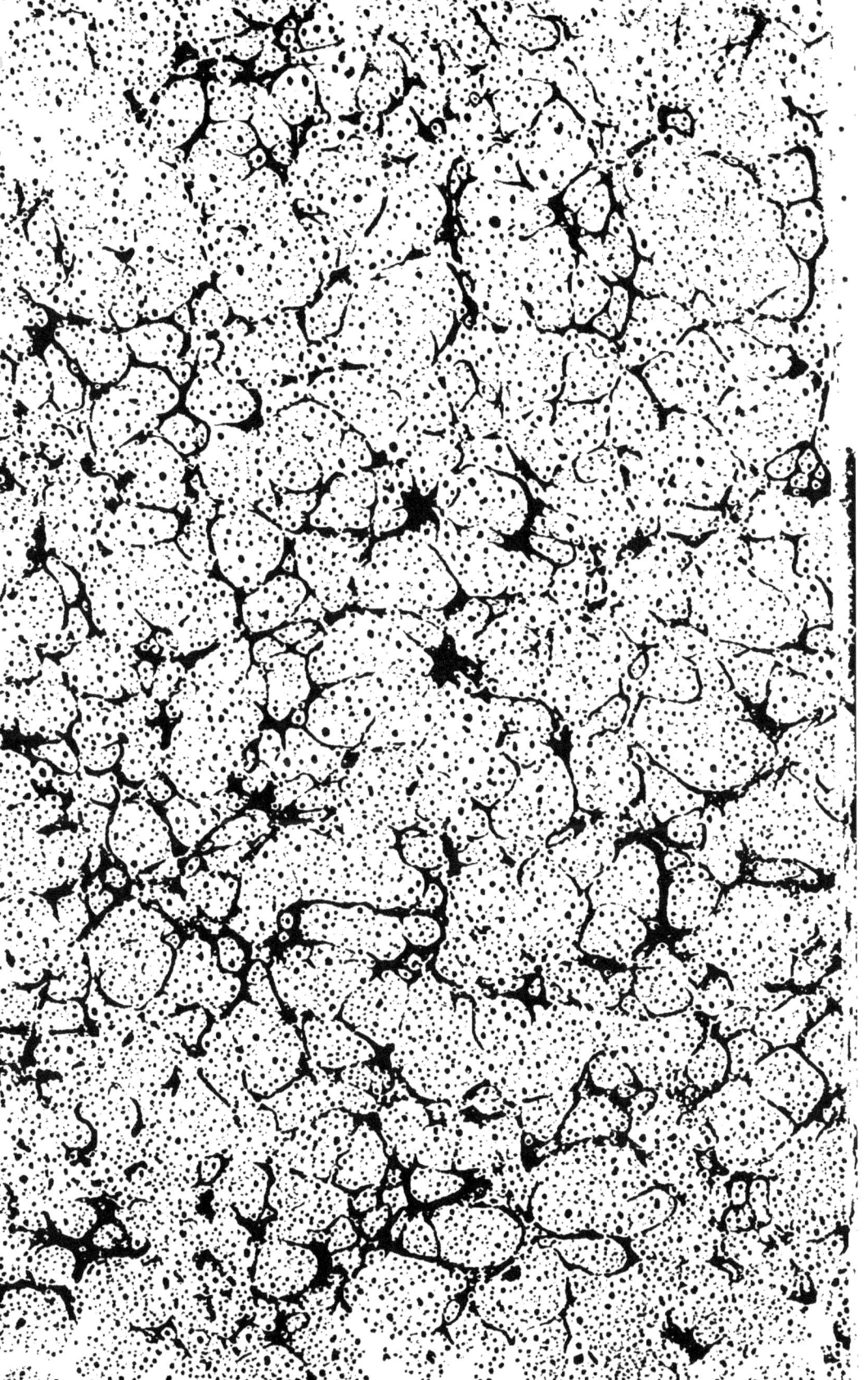

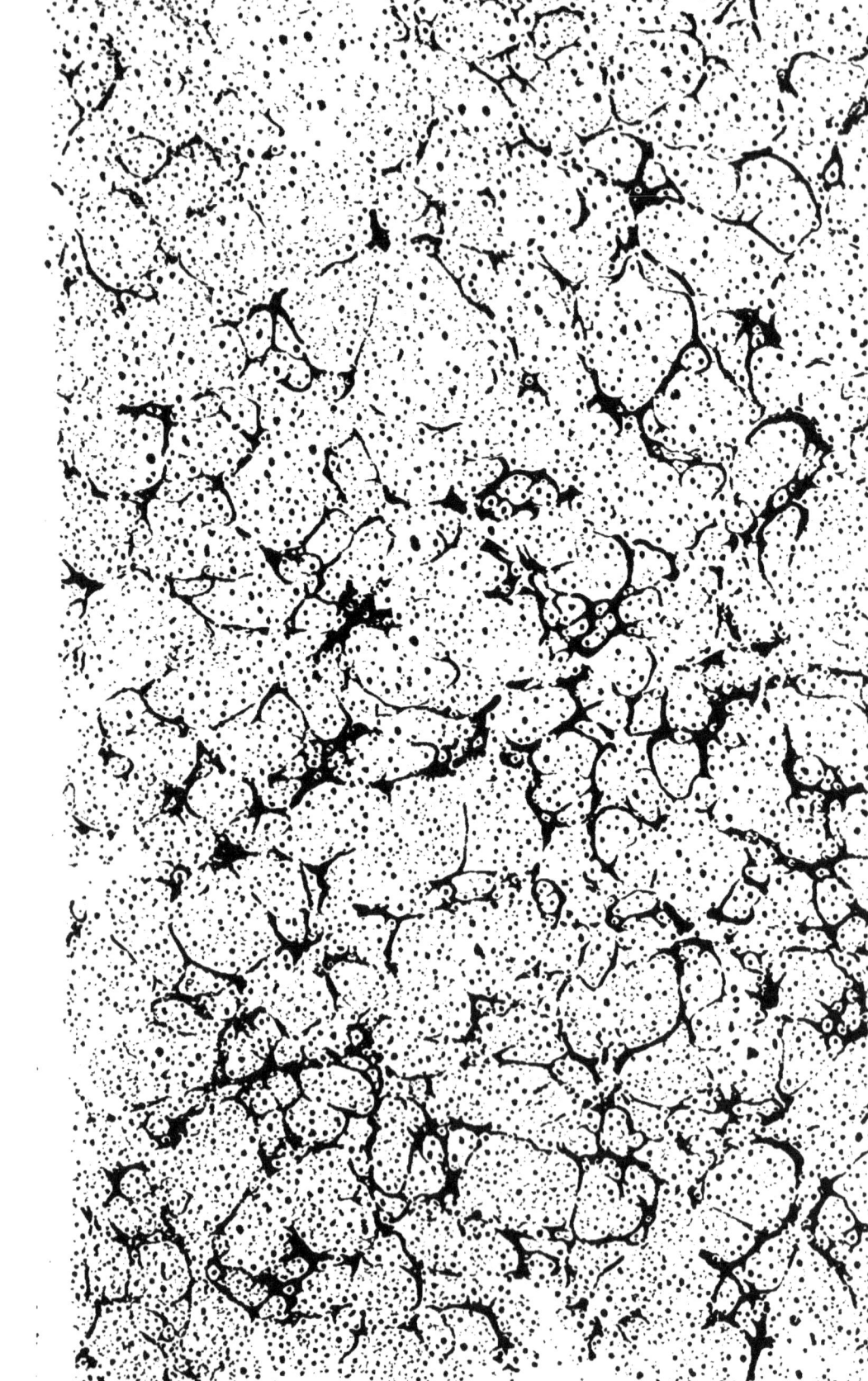

ADOLPHE CARCASSONNE

NOUVEAU

THÉATRE D'ENFANTS

DIX PIÈCES
EN PROSE
A JOUER DANS LES FAMILLES
ET
DANS LES PENSIONNATS

PARIS
C. MARPON ET E. FLAMMARION
ÉDITEURS
26, RUE RACINE, PRÈS L'ODÉON

NOUVEAU
THÉATRE D'ENFANTS

OUVRAGES DU MÊME AUTEUR

THÉATRE DE JEUNES FILLES.
THÉATRE D'ADOLESCENTS, comédies en vers, 3° édition.
PIÈCES A DIRE, 3° édition.
SCÈNES A DEUX, 2° édition.
NOUVELLES PIÈCES A DIRE, 2° édition.
RÉPLIQUES ENFANTINES, petites pièces à réciter, 2° édition.
LE MARIAGE DES FLEURS, récit, 2° édition.
DANS LES SALONS, troisième série de pièces à dire, 2° édition.
L'ABAISSEMENT LITTÉRAIRE, satire en vers.
BÊTE COMME UNE OIE, fantaisie.

THÉATRE

LA FILLE DU FRANC-JUGE, drame en quatre actes, en vers, 2° édition.
LA FÊTE DE MOLIÈRE, comédie en un acte, en vers.
LE JUGEMENT DE DIEU, drame lyrique en quatre actes.
LE MENUET, comédie en un acte, en vers.
LE PACTE, légende en un acte, en vers.

POÉSIES

PREMIÈRES LUEURS.
LES GOUTTES D'EAU, 2° édition.
LES BULLES D'AIR.

ÉMILE COLIN — IMPRIMERIE DE LAGNY

ADOLPHE CARCASSONNE

NOUVEAU
HÉATRE D'ENFANTS

DIX PIÈCES
EN PROSE
A JOUER DANS LES FAMILLES
ET
DANS LES PENSIONNATS

PARIS
C. MARPON ET E. FLAMMARION, ÉDITEURS
RUE RACINE, 26, PRÈS L'ODÉON

LE RONDEAU

PERSONNAGES

BERTHE . . . . 10 ans
BLANCHE . . . . 10 —
AMÉLIE . . . . 9 —
JEANNE . . . . 7 —
ANTOINETTE . . . . 8 —

LE RONDEAU

A gauche, la grille ouverte d'une maison de campagne; cette grille donne sur une petite place. — En face de la grille, à droite, un banc.
Au lever du rideau, Berthe, Blanche, Amélie et Jeanne font un rondeau en chantant : *Nous n'irons plus au bois.*

SCÈNE PREMIÈRE

BERTHE — BLANCHE — AMÉLIE — JEANNE

BERTHE, arrêtant le rondeau.

Il fait très chaud; nous ferions mieux d'aller continuer notre rondeau sous le grand marronnier, à l'entrée de la campagne.

BLANCHE

Tu as raison, allons-y.

Elles reprennent le rondeau et elles sortent par la grille, tandis qu'Antoinette, la petite pauvresse, vient par la droite ; elle tient un panier à la main.

SCÈNE II

ANTOINETTE

On ne m'a rien donné... Pourtant, j'ai beaucoup marché et je suis bien fatiguée... Ce doit être un mal de demander aux gens, puisque j'ai honte en tendant la main... Mais que faire ? Grand'mère malade a besoin de secours... Je ne puis pas travailler, je ne suis pas assez forte... Si je le pouvais, je ne demanderais rien à personne...

On entend au dehors les jeunes filles qui chantent le rondeau; Antoinette regarde du côté de la grille.

Oh! les belles demoiselles!... comme elles s'amusent!... Que c'est joli de tourner comme ça, en chantant... Moi aussi, je saurais tourner et chanter... Mais on ne m'a rien donné pour grand'mère... puis, je suis fatiguée...

Elle aperçoit le banc.

Un banc, je vais m'y reposer un peu.

Elle s'assied et met son panier à côté d'elle.

Comme on est bien ici!...

Elle regarde vers la grille.

Je vois danser en rond ces belles demoiselles... Comme c'est joli!... elles sont bien contentes...

Elle appuie sa tête sur le dossier du banc.

Il fait frais... Comme on est bien!... Pourtant...

1.

Sa tête se balance un instant.

Grand'mère... grand'mère...

Elle s'endort — Berthe entre.

SCÈNE III

ANTOINETTE, *endormie*, — BERTHE

BERTHE, sans voir Antoinette.

Tout à l'heure, il m'a semblé voir une petite fille avec un panier à la main... Serait-elle partie ?...

Apercevant Antoinette sur le banc.

Non, la voilà...

Elle s'approche.

Tiens ! elle dort.

Elle regarde un instant.

Comme elle est jolie sous ses pauvres habits !... Elle doit être bien malheureuse.

Elle va vers la grille et appelle à demi-voix :

Venez donc.

A son appel, Blanche, Amélie et Jeanne entrent.

SCÈNE IV

ANTOINETTE, *endormie* — BERTHE — BLANCHE
AMÉLIE — JEANNE

BERTHE

Mes amies, venez voir la petite dormeuse, elle m'intéresse beaucoup.

Les jeunes filles s'approchent d'Antoinette.

BLANCHE

Elle est très jolie.

JEANNE, à haute voix.

Oui, elle est bien jolie.

AMÉLIE

Parle moins haut, il ne faut pas éveiller la petite fille qui dort.

JEANNE

Le chat non plus.

BLANCHE

Elle a l'air malheureux.

AMÉLIE, après avoir regardé dans le panier.

Son panier est vide.

BLANCHE

Berthe, regarde-la maintenant, elle sourit.

BERTHE

C'est vrai... Elle doit faire un joli rêve, car sa figure est toute joyeuse...

Après une pause et comme frappée d'une idée subite.

Si nous réalisions son rêve !

BLANCHE

Ce serait bien gentil, mais comment savoir...

JEANNE, interrompant.

Qu'est-ce que c'est, un rêve ?

BLANCHE

C'est croire avoir ce qu'on n'a pas.

AMÉLIE

Alors, elle doit rêver qu'elle a de beaux habits, de l'argent, des poupées...

JEANNE

Et de bons gâteaux pour goûter.

BERTHE

J'ai une idée, attendez-moi un instant.
Elle sort par la grille.

AMÉLIE, à Blanche.

Où va-t-elle ?

BLANCHE

Laissons-la faire, elle a bon cœur et elle nous donnera un bon conseil ou un bon exemple.

JEANNE

Comme les exemples d'écriture.

BLANCHE

Pourquoi non ? on peut copier tout ce qui est bien...
Regardant la grille.
Voici Berthe.
Berthe rentre avec une petite écharpe de soie à la main.

BERTHE

Voilà de quoi réaliser peut-être une partie de son rêve.

BLANCHE

Je te comprends, ma chère Berthe ; j'étais sûre que tu trouverais quelque chose.

Se tournant vers les autres jeunes filles.

Viens, Amélie ! viens, Jeanne !

JEANNE

Où ça ?

BLANCHE

Viens toujours.

Elle sort, suivie de Berthe et de Jeanne.

SCÈNE V

ANTOINETTE, *toujours endormie* — BERTHE

BERTHE

J'ai souvent entendu dire par ma petite mère que sécher une larme aux yeux de ceux qui pleurent est une bonne action, et petite mère a bien raison. Le bonheur donné, ne fût-ce qu'un moment, aux malheureux que nous voyons souffrir, leur réjouit le cœur et revient nous dire : Tu as bien fait.

Regardant du côté d'Antoinette.

Pauvre petite ! qui sait combien de peines elle a déjà?...

Blanche rentre avec Amélie, qui porte une poupée, et Jeanne qui tient à la main une petite boîte.

SCÈNE VI

ANTOINETTE — BERTHE — BLANCHE — AMÉLIE — JEANNE

BERTHE

Tu m'as bien comprise, ma chère Blanche ?

BLANCHE

Et j'en suis contente, ma chère Berthe.

BERTHE

Eh bien ! tâchons de réaliser le rêve.

Elle s'approche d'Antoinette sur la pointe des pieds.

Petite dormeuse, tu n'as pas de beaux habits, voilà mon écharpe de soie.

Elle lui met l'écharpe sur les épaules, puis elle contourne légèrement et elle vient à gauche.

BLANCHE, prenant une bourse dans sa poche et s'approchant aussi sur la pointe des pieds.

Petite dormeuse, tu n'as pas d'argent, voilà ma bourse, je l'ai garnie autant que je l'ai pu.

Elle glisse la bourse dans la poche d'Antoinette et elle va rejoindre Berthe.

AMÉLIE, s'approchant à son tour.

Petite dormeuse, tu n'as pas de poupée, voilà la mienne.

à la poupée

Adieu, ma bonne Minette, sois bien sage.

Elle embrasse la poupée, elle la met dans le panier et elle va rejoindre Berthe et Blanche.

JEANNE, même jeu

Petite dormeuse, tu n'as pas de gâteaux

à la crème, de tartes à la confiture, en voilà; tu verras comme c'est bon.

Elle met la boîte dans le panier.

Bon appétit, petite dormeuse.

Elle rejoint les autres jeunes filles.

BLANCHE

Et maintenant, que faut-il faire?

JEANNE

Il faut aller goûter.

BERTHE

Voilà que le jour baisse et la pauvre petite dort toujours. Peut-être elle demeure bien loin et elle a besoin de se remettre en route. Je crois qu'il est bon de la réveiller.

BLANCHE

Nous le pouvons en reprenant le rondeau; ça lui fera un gentil réveil.

AMÉLIE

Oui, faisons le rondeau.

BLANCHE

Et élevons la voix.

Les jeunes filles dansent en rond et en chantant. Au bout d'un instant, Antoinette fait un mouvement.

BERTHE

Elle s'éveille... Allons vers le fond et voyons ce qu'elle va faire.

Elles vont vers le fond, à droite. Antoinette s'éveille lentement.

ANTOINETTE

Tiens! je me suis endormie...

Elle se lève.

Il est peut-être tard et grand'mère m'attend... Allons, en route!

Elle fait quelques pas vers le milieu de la scène et elle remarque l'écharpe qu'elle a sur elle.

O la belle écharpe ! qui donc l'a mise sur mes épaules ?..

Après un silence.

Je sens quelque chose dans ma poche...

Elle met la main dans sa poche et elle en sort la bourse.

Une bourse !

Elle l'ouvre.

Oh ! que d'argent !... et une pièce d'or... Mais ce n'est pas possible !... Puis, mon panier où il n'y avait rien et qui est plein...

Elle remet la bourse dans sa poche ; elle ouvre le panier, d'où elle sort la poupée

La jolie poupée !... Comme je t'aimerais, si tu étais ma petite fille !...

Elle l'embrasse et elle la remet dans le panier d'où elle sort la boîte contenant les gâteaux.

Des gâteaux aussi!... Ils ont l'air d'être bien bons...

Elle en prend un qu'elle porte à sa bouche, mais elle s'arrête soudainement

Non, ces gâteaux ne sont pas à moi, et s'ils étaient à moi, il faudrait les garder pour grand'mère.

Elle remet le gâteau dans la boîte et la boîte dans le panier.

Voyons, est-ce que je suis éveillée?... Est-ce que je rêve?... Non... mais j'ai rêvé tout à l'heure. Grand'mère m'a dit que les enfants ont des anges qui veillent sur eux et que ces anges viennent leur parler pendant leur sommeil. Eh bien! tout à l'heure, quand je dormais, j'ai entendu de jolies voix qui me parlaient... Bien sûr, c'étaient les anges qui veillent sur moi et qui m'ont donné ces jolies choses.

Sur un signe de Berthe, les jeunes filles s'approchent d'Antoinette.

ANTOINETTE, continuant

Grand'mère dit aussi qu'il faut les remercier...

Elle joint les mains.

O mes anges gardiens ! merci !..

Les jeunes filles se donnent la main et font, en chantant, le rondeau autour d'Antoinette; arrivées à Celle qui vous plaira le mieux *elles s'arrêtent.*

ANTOINETTE, avec joie

Mes anges gardiens, les voilà, je reconnais leurs voix.

JEANNE, à Antoinette.

Comment t'appelles-tu ?

ANTOINETTE

Je m'appelle Antoinette.

JEANNE

Eh bien ! Antoinette, il faut embrasser celle que tu aimes le mieux.

ANTOINETTE, avec émotion

Mais alors... mais alors... il faut que je vous embrasse toutes.

LES JEUNES FILLES

Embrasse-nous donc.

Antoinette les embrasse.

ANTOINETTE

C'est vous qui avez fait tout cela pour moi, merci, mes belles demoiselles, merci !... Et maintenant, je retourne auprès de grand'mère.

BERTHE

Va, ma chère Antoinette, mais reviens jeudi prochain.

LES JEUNES FILLES

Oui, oui, reviens jeudi.

ANTOINETTE

Merci encore. Grand'mère va être bien contente, et comme elle dit que les prières des pauvres vont au ciel, elle priera Dieu pour vous.

Elle prend son panier et elle fait une révérence

Merci, mes belles demoiselles.

Elle va vers la droite, arrivée au fond, elle se retourne et elle envoie un long baiser aux jeunes filles, en répétant

Merci

BERTHE, à Antoinette.

A jeudi.

Elle se retourne vers les jeunes filles

Et nous, mes amies, reprenons le rondeau.

Elles se donnent la main et elles se dirigent, en chantant, vers l'entrée de la campagne.

LE DOCTEUR SOURABAYA

PERSONNAGES

ROGER. . . . . 12 ans
FÉLIX. . . . . 10 —
LE DOCTEUR SOURABAYA.
BONNE-MAMAN.
UNE BONNE.
AIDES DU DOCTEUR.

LE DOCTEUR SOURABAYA

La chambre de Félix. — Une table au milieu. — Un sopha à droite. — Portes des deux côtés et au fond.

Au lever du rideau, Félix est allongé sur le sopha, Roger est assis auprès de lui.

SCÈNE PREMIÈRE

ROGER — FÉLIX

ROGER

Ah! ça, mon cher Félix, est-ce que cette maladie va durer longtemps encore ?

FÉLIX

J'en ai peur.

ROGER

Il me semble pourtant qu'elle devrait être guérie.

FÉLIX

Tu n'y penses pas. Vois donc tout ce que j'ai : coliques, douleurs de reins, et surtout un affaiblissement dans la jambe droite qui me fait marcher comme un boiteux. Avec cela...

ROGER

Quoi ! il y a autre chose ?

FÉLIX

Bien sûr ; avec cela des maux de tête et des étourdissements à ne pas pouvoir rester debout.

ROGER

Et même à dormir debout.

FÉLIX

Tu as l'air de ne pas me croire.

ROGER

Veux-tu que je te dise toute ma pensée ?

FÉLIX

Dis.

ROGER, se levant

Eh bien ! non, je ne crois pas à ta maladie.

FÉLIX

C'est trop fort !

ROGER

Je crois plutôt que tu tiens à te faire dorloter et surtout à ne pas aller à l'école.

FÉLIX

Ce que tu dis là n'est pas d'un ami.

ROGER

Tu sais combien ta bonne maman est faible pour toi et tu en profites.

FÉLIX

Elle me voit souffrir et elle cherche à me soulager.

ROGER

Elle n'y est pas encore parvenue.

FÉLIX

Pas encore, c'est vrai.

ROGER

Et je crains qu'elle n'y parvienne pas de longtemps.

FÉLIX

C'est bien possible.

ROGER

J'ai donc raison de croire que tous les maux dont tu te plains ne sont qu'un prétexte.

FÉLIX

Et moi, j'ai raison de croire que tu n'es pas mon ami.

ROGER

Au contraire, tu devrais me remercier de ma franchise. Crois-moi, mon cher

Félix, dans ce que tu fais il y a un mauvais service et une mauvaise action.

FÉLIX

Ah?

ROGER

Le mauvais service retombe sur toi. Si tu continues à ne pas aller à l'école, que deviendras-tu plus tard? Tu ne sais rien et tu n'apprends rien ; tu seras donc toute ta vie un ignorant.

FÉLIX

Ça ne me chagrine pas.

ROGER

C'est ton droit, puisqu'il ne s'agit que de toi ; mais ce qui devrait te chagriner, et voilà la mauvaise action, c'est la triste existence que tu fais à ta bonne maman. Pauvre femme ! elle n'a que toi, elle ne pense qu'à toi, et tu la rends malheureuse par tes plaintes et par des souffrances qui...

FÉLIX, l'interrompant et avec humeur

Vas-tu recommencer?

ROGER

Non, si cela t'ennuie.

FÉLIX

Eh bien ! oui, cela m'ennuie... Après tout, garde tes observations pour toi et laisse-moi tranquille... Je fais ce que je veux et cela ne te regarde pas... Tu me rends encore plus malade.

Il porte la main à son ventre.

Ah! quelles coliques!

Il sort en boitant par la porte de droite.

SCÈNE II

ROGER

Il a peut-être raison... Qu'ai-je à voir dans ce qu'il dit souffrir? Qu'ai-je à faire avec ses coliques? Qu'il soit actif ou paresseux, intelligent ou bête, que m'importe? Ma foi, qu'il fasse ce que bon lui semble.

Il se dirige vers la porte du fond lorsque bonne maman entre; elle a dans la main un petit sac en papier qu'elle met sur la table.

SCÈNE III

ROGER — BONNE MAMAN

BONNE MAMAN

Bonjour, mon ami, vous êtes venu voir Félix.

ROGER

Oui, Madame, je suis venu passer un moment avec lui.

BONNE MAMAN

Que vous êtes gentil!... Mais je ne vois pas ce cher enfant.

ROGER

Il reviendra bientôt.

BONNE MAMAN

Encore indisposé ! toujours souffrant ! c'est affreux à son âge.

ROGER

Voilà longtemps qu'il est ainsi.

BONNE MAMAN

Plus de trois mois. Aussi, mon inquiétude est très vive et elle s'augmente encore chaque jour. Mon cher Félix ! que de souffrances à la fois ! Maux de tête, coliques, douleurs de reins... Mais ce qui me tourmente le plus, c'est l'affaiblissement de la jambe droite ; je crains une paralysie. Ah ! si un pareil malheur arrivait, j'en mourrai.

ROGER, à part.

Pauvre femme !

à Bonne maman.

Je le crois, mais cela n'arrivera pas et il ne faut pas désespérer.

BONNE MAMAN

C'est cependant désespérant, car, je le répète, il me semble voir Félix dépérir chaque jour.

ROGER

Il doit, sans doute, manquer d'appétit ?

BONNE MAMAN

Non ; au contraire, il mange très bien.

ROGER

Et il doit avoir des nuits très agitées ?

BONNE MAMAN

Pas du tout, il dort très bien. Je vais

auprès de lui chaque nuit et j'ai toujours remarqué que son sommeil est calme et paisible. Sans cela, que serait devenu mon pauvre petit?

ROGER

N'avez-vous pas consulté un médecin ?

BONNE MAMAN

J'en ai même consulté plusieurs.

ROGER

Eh bien ?

BONNE MAMAN

Ils n'y comprennent rien ; leurs ordonnances n'ont produit aucun effet.

ROGER

Les maux de tête et les coliques ne sont pourtant pas difficiles à guérir.

BONNE MAMAN

Oui, mais la paralysie de la jambe ?

ROGER

C'est là votre plus grande crainte.
Après un silence.
Eh bien ! écoutez-moi.

BONNE MAMAN

Dites, mon enfant.

ROGER

Un ami de mon père vient d'arriver de l'Inde avec un docteur célèbre dont les cures ont fait grand bruit sur les bords du Gange. Le docteur Sourabaya est considéré, dans ces pays lointains, comme un véritable sauveur. Tout le monde parle de sa science et des découvertes qu'il a faites. Or, comme il loge à la maison, je vais, si vous le voulez, le prier de se rendre ici ; je suis sûr qu'il viendra tout de suite. Le voulez-vous ?

BONNE MAMAN

Si je le veux ! mais j'en suis bien heureuse ! Oui, j'accepte avec reconnaissance l'offre obligeante que vous me faites et je vous en remercie de tout mon cœur.

ROGER

Je me rends donc auprès du docteur. Ce ne sera pas long, puisque nous sommes presque voisins.

Il se dirige vers le fond, puis il se retourne

Ne dites rien à Félix de cette visite. Il faut que le docteur se rende bien compte de son état pour indiquer le traitement à suivre.

BONNE MAMAN

Soyez tranquille. Merci, mon enfant... Ah! que je vous embrasse!

Elle court l'embrasser. Roger sort.

SCÈNE IV

BONNE MAMAN, puis FÉLIX

BONNE MAMAN

Je n'ai jamais eu autant d'espoir qu'aujourd'hui... Il me semble que ce docteur va guérir mon cher Félix... L'Inde est le pays des merveilles et la science, là-bas, a des secrets qui nous sont inconnus.

Félix rentre et se met à boiter en regagnant le sopha.

BONNE MAMAN

Eh bien ! mon chéri, comment te sens-tu ?

FÉLIX

Très mal, bonne maman, très mal.

BONNE MAMAN

Quoi ! tu souffres toujours autant ?

FÉLIX

Autant et même plus. Ma jambe est lourde comme elle ne l'a jamais été ; je ne puis presque plus marcher.

BONNE MAMAN

Aie du courage, tu guériras.

FÉLIX

Tu me le dis toujours et je ne suis pas guéri.

BONNE MAMAN

Mais je suis sûre que tu le seras. Voyons, mon chéri, essaie un peu de marcher.

FÉLIX

Pourquoi me fatiguer encore ?.. Enfin, si tu le veux...

Il se lève et il fait quelques pas avec effort et en boitant beaucoup.

Tu vois bien que je ne puis pas.

Il se remet sur le sopha.

Je ne guérirai jamais.

BONNE MAMAN

Moi, je sais le contraire. Il faut avoir un peu de patience.

FÉLIX

C'est bon à dire.

BONNE MAMAN, *allant prendre le sac qu'elle a mis sur la table et l'ouvrant*

Tiens, voilà pour t'en donner un peu.

FÉLIX

Des gâteaux ?

BONNE MAMAN

Oui, et des meilleurs que j'ai pu trouver... Mange d'abord ce baba, il a l'air excellent.

FÉLIX, *mangeant*.

Il est parfait et je le mange très volontiers. Tu n'en as porté qu'un, bonne maman ?

BONNE MAMAN

Oui, mon chéri, mais je t'ai apporté autre chose.

Elle prend des petits biscuits ronds et plats.
Des biscuits...

FÉLIX

Qu'on appelle des patiences... je les aime aussi beaucoup.

Il mange

BONNE MAMAN

Je suis heureuse de te voir manger ainsi.

FÉLIX

Est-ce qu'il n'y en a plus ?

BONNE MAMAN, prenant dans le sac

En voilà encore.

FÉLIX, mangeant.

C'est très bon et, comme tu le dis, ça

fait prendre patience... Est-ce qu'il n'y en a plus ?

BONNE MAMAN

Non, mon enfant, ça ne peut pas durer toujours.

FÉLIX

Ne te fâche pas, bonne maman.

BONNE MAMAN

Me fâcher ! pourquoi ?
Riant

Ce n'est pas moi, c'est le sac qui est à bout de... patience.

UNE BONNE, entrant et annonçant.

Le docteur Sourabaya.

FÉLIX

Qu'est-ce que c'est que ça ?

BONNE MAMAN

C'est un savant docteur indien qui...

Le docteur entre tenant une trousse qu'il pose sur la table; il est enveloppé dans une grande robe et il porte une barbe noire. Il est suivi de deux aides également enveloppés dans une robe et portant une barbe; ils se placent de chaque côté de la porte du fond. — La bonne sort.

SCÈNE V

BONNE MAMAN — FÉLIX — LE DOCTEUR SOURABAYA — LES AIDES

LE DOCTEUR, aux aides.

Indiana! Ramayana! Mayana!

L'AIDE DE DROITE, en s'inclinant profondément.

Ramayana!

L'AIDE DE GAUCHE, même jeu

Ramayana !

LE DOCTEUR, à Bonne maman.

Saluta, Madama, al noma Brahma...
Se reprenant.
Pardon, Madame, je vous parle indien... C'est un oubli... excusez-moi.

BONNE MAMAN

Vous n'avez pas à vous excuser, docteur; c'est nous qui avons à vous demander pardon du dérangement que nous vous causons en vous faisant venir ici.

LE DOCTEUR

Les docteurs sont faits pour tous les dérangements, même ceux d'intestins... Vous avez ici un malade, n'est-ce pas ?

BONNE MAMAN, indiquant Félix

Oui, docteur, mon cher petit Félix.

LE DOCTEUR, s'approchant de Félix.

De quoi souffrez-vous ?

FÉLIX

De la tête, des reins et du ventre.

BONNE MAMAN

Parle aussi de ta jambe engourdie.

LE DOCTEUR

Ah ! il y a une jambe engourdie ?

BONNE MAMAN

Oui, et c'est ce qui m'inquiète le plus.

LE DOCTEUR

Nous verrons cela tout à l'heure. Commençons par le commencement ; occupons-nous de la tête.

à Félix

Mettez-vous sur votre séant.

Félix se met sur son séant et le docteur vient poser l'oreille sur sa tête

BONNE MAMAN

Que faites-vous, docteur ?

LE DOCTEUR, se relevant un instant.

J'ausculte le cerveau.

BONNE MAMAN

Ah ?

LE DOCTEUR

En Europe, où la science est encore fort en retard, on ausculte la poitrine. Chez nous, on ausculte aussi le cerveau et l'on voit très clairement ce qui s'y passe.

Il remet l'oreille sur la tête de Félix et il demeure ainsi un instant

Vous avez presque toujours des douleurs, n'est-ce pas ?

FÉLIX

Oui.

LE DOCTEUR

Et, par moments, elles deviennent plus fortes ?

FÉLIX

Oui.

LE DOCTEUR, se levant

C'est bien cela, j'ai vu.

BONNE MAMAN

Eh bien ! docteur ?

LE DOCTEUR

Le cerveau s'est gonflé et ce gonflement cause les douleurs éprouvées. Quand ces douleurs deviennent plus vives, c'est qu'il se forme un gonflement sur le gonflement.

BONNE MAMAN

Ah ! mon Dieu !

LE DOCTEUR

Cela a été déterminé par un excès de travail.

FÉLIX

Oui, bonne maman, le docteur a raison et j'ai besoin de repos.

LE DOCTEUR

D'un repos absolu.

BONNE MAMAN

Très bien.

LE DOCTEUR

Passons maintenant au ventre. Voyons, avez-vous des coliques de haut en bas ?

FÉLIX

Oui, de haut en bas.

LE DOCTEUR

Pas de long en large ?

FÉLIX

Non, de haut en bas.

LE DOCTEUR

C'est bien cela, c'est un ver perpendiculaire.

BONNE MAMAN

Mon pauvre petit !

LE DOCTEUR

Un ver rongeur de premier degré.
A Félix.
Vous aimez beaucoup les gâteaux, sans doute ?

BONNE MAMAN

Beaucoup, peut-être trop.

LE DOCTEUR

N'en accusez pas le sujet, Madame. C'est le ver qui aime les gâteaux et qui manifeste son désir en se remuant et en donnant ainsi des coliques. Il est inutile de s'ocuper des maux de reins, ils tiennent à la même cause et j'indiquerai tout à l'heure ce qu'il faut faire.

FÉLIX

Il faut un repos absolu.

LE DOCTEUR

Maintenant, passons à la jambe.

BONNE MAMAN

Oui, docteur.

LE DOCTEUR, à Félix

Quelle est celle dont vous souffrez ?

FÉLIX

La droite ; je n'en souffre pas, mais je ne puis pas m'en servir.

LE DOCTEUR

Ce qui est pire, car il est toujours facile de guérir une douleur. Voyons, levez-vous et marchez.

Félix se lève et il fait quelques pas en boitant très fortement

LE DOCTEUR

Cela vous fatigue.

FÉLIX

Beaucoup.

Il se rassied sur le sopha

LE DOCTEUR

Vous éprouvez une grande lourdeur, comme si votre jambe dormait, n'est-ce pas ?

FÉLIX

Oui.

LE DOCTEUR

Vous devez sentir aussi un certain engourdissement dans la jambe gauche ?

FÉLIX

Oui.

LE DOCTEUR, à Bonne maman

C'est très grave et vous avez bien raison d'en être préoccupée.

BONNE MAMAN

Vous m'effrayez, docteur.

FÉLIX

Il me faut un repos absolu.

LE DOCTEUR

C'est une paralysie.

BONNE MAMAN, joignant les mains

Je le pressentais.

LE DOCTEUR

Or, écoutez bien ceci : Quand un œil s'en va, l'autre le suit ; quand un poumon se prend, l'autre se prend aussi. La jambe droite du sujet est prise de paralysie, et voilà que la gauche commence à l'être. Il faut un remède immédiat et énergique.

BONNE MAMAN

De grâce! docteur, apportez ce remède.

LE DOCTEUR, indiquant la trousse

Le voilà.

Il ouvre la trousse de laquelle il sort un bistouri et il s'approche de Félix

FÉLIX

Ah! ça! qu'est-ce que vous allez faire?

LE DOCTEUR

Je vais vous couper la jambe droite.

FÉLIX

Hein?

BONNE MAMAN, au docteur

Que dites-vous ?

LE DOCTEUR

Il le faut, il le faut absolument. Si nous ne coupons pas la jambe droite, la gauche se paralysera, puis, le corps, puis, la tête, puis...

BONNE MAMAN

Puis ?

LE DOCTEUR

Ce sera fini. Il faut donc couper et couper immédiatement.

FÉLIX

Non ! je ne veux pas !

BONNE MAMAN

Pourtant, mon chéri...

FÉLIX

Je ne veux pas !

LE DOCTEUR, à Félix

Quand le docteur Sourabaya a fait une prescription, il faut qu'on l'exécute.

FÉLIX

Je ne veux pas ! je ne veux pas !

LE DOCTEUR, allant vers ses aides

Ramayana ! Mayana !

L'UN DES AIDES

Ramayana !

L'AUTRE AIDE

Ramayana !

LE DOCTEUR

Préparationa cordona

L'un des aides sort une corde de sa robe.

LE DOCTEUR, indiquant Félix

Empoignana garçona, opérationa jamba!

Les aides vont vers Félix qui bondit sur lui-même et se met à courir sur la scène sans songer à boiter. Les aides le poursuivent en criant : Ramayana! mais ils ne peuvent l'atteindre.

LE DOCTEUR, qui est venu près de Bonne maman

Il me semble qu'il est plus dégourdi qu'engourdi.

BONNE MAMAN

En effet et je n'y comprends rien.

Après avoir fait, avec la même rapidité, deux fois le tour de la scène, Félix vient se réfugier auprès de Bonne maman

BONNE MAMAN, à Félix

Monsieur mon petit-fils, vous ne pouviez plus marcher et je vous vois courir; vous étiez très malade et vous voilà très bien. Qu'est-ce que cela signifie?

FÉLIX

Cela signifie... cela signifie... Vrai, je n'ose pas.

BONNE MAMAN

Dire la vérité est le meilleur moyen de faire pardonner les fautes commises.

FÉLIX

Eh bien! oui, je dirai tout : Pour avoir des gâteaux et ne pas aller à l'école, j'ai fait le malade.

BONNE MAMAN

Gourmand et paresseux! c'est affreux!.. Et dire que j'ai cru à cette maladie!

LE DOCTEUR

Beaucoup trop, en vérité.

BONNE MAMAN

Mais, docteur, vous y avez cru vous-même.

LE DOCTEUR

Non, le docteur Sourabaya ne pouvait croire...

Il ouvre sa robe et il enlève sa barbe, les aides en font autant.

à ce que l'ami Roger et ses frères n'ont jamais cru.

FÉLIX

Roger!... Tu m'as fait une fière peur!

ROGER

Je le crois bien. Je me suis servi de

tous les mots dont se sert mon cousin Émile, l'étudiant en médecine, et j'ai même pris sa trousse qu'il a laissée hier à la maison. Tu as eu grand peur, mais il fallait mettre fin à la comédie jouée.

FÉLIX

Et je t'en remercie.

A Bonne maman

Bonne-maman, me pardonnes-tu ?

ROGER

Le pardon est le traitement que j'impose.

FÉLIX

Je suis déjà bien puni, puisque je vois que je n'aurai plus de gâteaux.

BONNE MAMAN

En te pardonnant, je ne puis supprimer

ce que tu aimes ; je te porterai donc des gâteaux, mais à l'école et à l'école seulement.

FÉLIX

Bonne maman, j'y rentre demain, sans faute.

ROI ET REINE

PERSONNAGES

LOUIS . . . . 9 ans.
ISABELLE . . . . 7 —

ROI ET REINE

Un salon. — A droite, une porte entr'ouverte.
Un guéridon au milieu.

SCÈNE PREMIÈRE

LOUIS — ISABELLE

LOUIS

Ma chère Isabelle, je suis furieux.

ISABELLE

C'est comme moi, je suis furieuse.

LOUIS

Contre qui ?

ISABELLE

Contre la nouvelle bonne.

LOUIS

Moi, aussi.

ISABELLE

Elle est insupportable.

LOUIS

Je suis hors de moi depuis ce matin.

ISABELLE

Moi, depuis hier au soir.

LOUIS

Figure-toi que je lui ai dit d'aller prendre un nid d'hirondelles sous le toit de la maison.

ISABELLE

Eh bien ?

LOUIS

Sais-tu ce qu'elle m'a répondu ?

ISABELLE

Non.

LOUIS

Qu'elle n'irait pas, car elle ne veut pas se casser le cou.

ISABELLE

Ce qu'elle m'a dit est bien plus mal.

LOUIS

Ah ?

ISABELLE

Hier au soir, il faisait un temps très beau.

LOUIS

C'est vrai.

ISABELLE

La lune était superbe.

LOUIS

C'est encore vrai... Et alors ?

ISABELLE

Je lui ai dit d'aller me prendre la lune.

LOUIS

Eh bien ?

ISABELLE

Elle m'a répondu d'y aller moi-même.

LOUIS

Refuser d'aller prendre un nid d'hirondelles, à moi qui suis roi !

ISABELLE

Refuser d'aller prendre la lune, à moi qui suis reine !

LOUIS

Pas autant que je suis roi.

ISABELLE

Tiens ! et pourquoi ?

LOUIS

Parce que Maman m'appelle toujours : Mon roi.

ISABELLE

Papa m'appelle toujours : Ma reine, et c'est papa qui commande. Donc, je suis reine.

LOUIS

Non, c'est Maman qui commande. Donc, je suis roi, et le roi est plus que la reine.

ISABELLE

Non, la reine est plus que le roi.

LOUIS

Dans les contes de fées on dit : Il était une fois un roi et une reine ; donc, le roi est le premier.

ISABELLE

Mais tu ne commandes pas, frère.

LOUIS

Toi, non plus, sœur.

ISABELLE

Je commanderai plus tard, quand je serai tout à fait reine.

LOUIS

Moi, aussi quand je serai tout à fait roi.

ISABELLE

Ah ! si j'étais reine !

LOUIS

Ah ! si j'étais roi !

ISABELLE

Si j'étais roi ! c'est un opéra.

LOUIS

Mais c'est arrivé, puisqu'on dit que c'est dans les *Mille et une nuits*.

ISABELLE

Sais-tu ce que je ferais si j'étais reine ?

LOUIS

Que ferais-tu ?

ISABELLE

D'abord, je dirais à la bonne d'aller prendre la lune.

LOUIS

Ceci, petite sœur, n'est pas facile.

ISABELLE

Au contraire, c'est très facile.

LOUIS

Par exemple! comment cela?

ISABELLE

Papa dit toujours que l'oncle Léon se promène dans la lune, il faut bien y monter pour s'y promener.

LOUIS

Tu ne comprends pas...

ISABELLE

Puis, papa dit aussi que la cousine Gertrude veut prendre la lune avec les dents. Tu vois bien qu'on peut y aller.

LOUIS

Tu te trompes...

ISABELLE, d'un air solennel

Une reine ne se trompe pas.

LOUIS

Alors, je n'ai plus rien à dire... Voyons, que ferais-tu encore ?

ISABELLE

J'habiterais un grand palais avec beaucoup de chambres dont la plus belle serait pour moi.

LOUIS

Naturellement.

ISABELLE

Tous les meubles seraient en or, le lit serait aussi en or avec des rideaux très épais pour que, le matin, je puisse dormir longtemps. Je me ferais habiller et déshabiller. Je ne ferais plus de devoirs de lecture et d'écriture.

LOUIS

Tu ne vas pas mal, petite sœur... Et puis?

ISABELLE

Je ferais bâtir une fabrique de sucres d'orge et j'en donnerais à tout le monde... après m'être bien servie.

LOUIS

Tu prendrais les gens par la douceur, ce n'est pas bête.

ISABELLE

N'est-ce pas?

LOUIS

A mon tour, maintenant : Sais-tu ce que je ferais si j'étais roi?

ISABELLE

Dis-le moi, frère.

LOUIS

J'apprendrais la diplomatie.

ISABELLE

La diplomatie! qu'est-ce que c'est?

LOUIS

Il paraît que c'est très difficile, mais les rois doivent la connaître.

ISABELLE

Et les reines aussi?

LOUIS

Quand elles le peuvent.

ISABELLE

Explique-moi ce que c'est, je tiens à le savoir.

LOUIS

Tu n'y comprendras rien. Puis, vois-tu, j'ai appris ce que j'en sais par ce que bon papa en disait l'autre jour, au salon.

ISABELLE

Explique toujours, tant pis si je ne comprends pas.

LOUIS

Soit, petite sœur. Voici ce qu'a dit bon papa : Pour être diplomate, on met un masque sur son visage.

ISABELLE

Eh bien? ce n'est pas difficile, tout le monde le fait en carnaval.

LOUIS, continuant

On dit ce qu'on ne pense pas. On ne pense pas ce qu'on dit. Tu vois que cela n'est pas facile.

ISABELLE

Je ne trouve pas. Dire qu'on a chaud quand il fait froid, dire qu'on a froid quand il fait chaud, ce n'est pas du tout difficile. Je t'assure que je suis diplomate... Que ferais-tu encore, frère?

LOUIS

Je mettrais toujours mon costume royal...
S'interrompant.
A propos de costume, as-tu vu ce qui a été préparé, bien sûr pour mon couronnement?

ISABELLE

Non.

LOUIS

Attends un moment.

Il va dans le cabinet, à droite.

ISABELLE

Qu'est-ce qu'il dit? qu'est-ce qu'il va chercher? Un costume pour le couronnement! Mais ce costume doit être pour moi et non pour lui.

Louis rentre portant un manteau d'or et une couronne qu'il pose sur le guéridon. Il met ensuite le manteau sur ses épaules et la couronne sur sa tête.

LOUIS

Maintenant, tu vas voir comment je serai roi :

Comme s'il donnait congé à sa gauche.

Messieurs les ministres, allez vous occuper des affaires de l'État... Les ministres me saluent et ils sortent.

Comme s'il s'adressait à quelqu'un à sa droite.

Monsieur le Grand Maître des cérémonies, introduisez les ambassadeurs Siamois... Je monte sur le trône et je reçois les ambassadeurs qui me remettent les cadeaux de leur maître avec un diamant gros comme un œuf. Je les assure de mon amitié et ils se retirent en me baisant la main.

ISABELLE

Et puis?

LOUIS

Je continue à être le maître et je me fais obéir de tous.

ISABELLE

De tous, c'est beaucoup.

LOUIS, accentuant le mot.

De tous... et de toi aussi.

ISABELLE

De moi, non.

LOUIS

Oui.

ISABELLE

Non.

LOUIS

Si, étant roi, je t'ordonnais d'aller prendre un nid d'hirondelles sous le toit de la maison, que répondrais-tu ?

ISABELLE

Que je ne veux pas me casser le cou.

LOUIS

Comme la bonne.

ISABELLE

Oui.

LOUIS

Et tu n'irais pas?

ISABELLE

Non.

LOUIS

Pourquoi?

ISABELLE

Parce que je suis reine et que tu dois m'obéir.

LOUIS

Toujours la même question.

ISABELLE

Toujours.

LOUIS

Eh bien! je veux en finir.

Il enlève le manteau et la couronne et il les remet sur le guéridon.

Je vais, une fois pour toutes, établir mon droit et prouver que je suis le roi.

Il sort.

SCÈNE II

ISABELLE

Comme il est entêté!.. Il m'a parlé comme s'il était le maître... Il m'enverrait chercher le nid d'hirondelles... Eh bien! non, je n'irai pas... Il a beau dire, c'est moi qui commande... Oh! oh! je serai très belle en reine... Voyez.

Elle met le manteau sur ses épaules.

Il me va très bien, on comprend qu'il a été fait pour moi...

Elle met la couronne sur sa tête.

Et la couronne aussi... Je serai très belle et tout le monde m'obéira...

Imitant le geste de Louis donnant congé à quelqu'un.

Messieurs les ministres, allez vous occuper des affaires de l'Etat. Ils me saluent et ils sortent...

Se tournant vers la droite comme Louis l'avait fait

Monsieur le Grand Maître des cérémonies, introduisez les frères Siamois...

Se reprenant

Non, les ambassadeurs Siamois... Je

monte sur le trône et je reçois les ambassadeurs qui me portent un œuf...

> Se reprenant encore

Non, un diamant gros comme un œuf... Je les assure de mon amitié et je leur donne mon pied à baiser... Le pied d'une reine c'est bien plus gentil que la main d'un roi... Oh ! je serai très bien, très bien.

Louis rentre, il a entendu la dernière phrase dite par Isabelle.

SCÈNE III

ISABELLE — LOUIS

LOUIS

Oui, petite sœur, tu es très bien, très bien.

ISABELLE

N'est-ce pas? Aussi...

LOUIS

Tu vas me donner tes ordres.

ISABELLE

Certainement.
Se drapant dans le manteau
Va me chercher la lune.

LOUIS

Je m'y attendais.
Il se met à rire aux éclats.

ISABELLE

Pourquoi ris-tu?

LOUIS

Tu veux que j'aille chercher la lune?

ISABELLE

Oui, je te l'ordonne.

LOUIS

C'est inutile, nous en venons.

ISABELLE

Nous en venons ?

LOUIS

Oui, nous étions en train de nous y promener.

ISABELLE

Je ne comprends pas.

LOUIS

Petite sœur, se promener dans la lune, c'est croire à quelque chose qui n'est pas.

ISABELLE

Eh bien ?

LOUIS

J'ai cru que j'étais roi parce que Maman m'appelle toujours : Mon roi. Toi, tu as cru que tu étais reine parce que papa t'appelle toujours : Ma reine.

ISABELLE

Oui.

LOUIS

Eh bien ! nous ne sommes ni roi ni reine.

ISABELLE

Qui te l'a dit ?

LOUIS

Bon papa à qui je l'ai demandé. Il

m'a expliqué que *Mon roi* et *Ma reine* sont des mots de gâterie pour nous et rien de plus.

ISABELLE

Tiens!

LOUIS

Sais-tu que nous nous sommes presque disputés?

ISABELLE

C'est vrai et c'est très mal...
Après un silence
Mais alors, dis, frère, pourquoi ce manteau et cette couronne?

LOUIS

Bon papa me l'a expliqué aussi : On va jouer chez nous une pièce où doit figurer Louis XIV enfant, et c'est pour lui qu'on a fait la couronne et le manteau.

ISABELLE

Qui nous ont brouillés un moment.

LOUIS

Et qui allaient nous mettre en guerre.

ISABELLE

Aussi, aide-moi vite à m'en débarrasser.

Elle remet le manteau et la couronne sur le guéridon

Adieu, manteau, adieu, couronne, je ne vous regrette pas; j'aime bien mieux mon frère Louis.

LOUIS

Et moi, ma sœur Isabelle.

Il l'embrasse.

LES DÉFAUTS DE PAUL

PERSONNAGES

GILBERTE . . . . 11 ans
LUCIE . . . . . . 11 —
PAUL . . . . 10 —
ÉTIENNE. . . . . 14 — mais malingre, chétif et paraissant avoir dix ans.
LA FEMME DE CHAMBRE.

LES DÉFAUTS DE PAUL

La chambre de Paul. — A droite, une table avec des livres et des cahiers — A gauche, une toilette surmontée d'une glace — Portes à droite et au fond — Chaises.

Au lever du rideau, Gilberte et Lucie entrent par la droite.

SCÈNE PREMIÈRE

GILBERTE — LUCIE

GILBERTE

Mon cousin Paul n'est pas encore là, je voudrais bien le voir, il me tarde de le connaître.

LUCIE

Comment! tu ne le connais pas?

GILBERTE

Non, il n'est jamais venu chez nous et c'est la première fois que je viens à Paris.

LUCIE

C'est vrai.

GILBERTE

Ma tante m'a dit que, ce matin, il doit prendre sa leçon de calcul, il sera donc bientôt ici et je l'attends.

LUCIE

Il sait pourtant que tu dois arriver.

GILBERTE

Je le crois, mais ma tante lui a dit de faire sa promenade au Bois comme il la fait tous les jours. D'ailleurs, il n'est pas en retard, il prend sa leçon à onze heures et il n'est que dix heures et demie.

LUCIE

Qui t'a dit tout cela ?

GILBERTE

Ma tante, pendant que, ce matin, tu as un peu dormi.

LUCIE

Est-ce que ton cousin est gentil ?

GILBERTE

Assez.

LUCIE

Assez veut dire bien peu.

GILBERTE

Il paraît qu'il ne manque pas d'intelligence, mais il a deux défauts.

LUCIE

Deux ?

GILBERTE

Oui.

LUCIE

C'est beaucoup.

GILBERTE

Que veux-tu ? Maman dit que les choses n'arrivent jamais seules.

LUCIE

C'est toujours ta tante qui t'a donné ces détails ?

GILBERTE

Oui, elle ne m'a parlé que de Paul; elle a voulu peut-être me faire connaître ses défauts pour que je n'en sois pas trop surprise.

LUCIE

Et quels sont ces défauts ?

GILBERTE

D'abord, la colère.

LUCIE

C'est affreux, on devient tout blanc.

GILBERTE

Ou tout bleu.

LUCIE

On devrait en rougir.

GILBERTE

Tu as bien raison, c'est dommage...

LUCIE

C'est dommage que j'aie raison ?

GILBERTE

C'est dommage pour Paul qui a aussi des qualités.

LUCIE

Mais il a encore un défaut dont tu ne m'as pas parlé.

GILBERTE

C'est vrai, l'entêtement. Quand mon cher cousin a une idée dans la cervelle, rien ne le fait changer d'avis.

LUCIE

Avec tout cela, il me semble que ton cher cousin ne doit pas être bien aimable. Quelles qualités pourraient faire oublier la colère et l'entêtement?

GILBERTE

Il a très bon cœur.

LUCIE

Je ne dis pas non, mais la bonté du

cœur est bien peu quand la tête est aussi dure.

GILBERTE

Puis, il n'a que dix ans.

Paul paraît au fond

Le voici, sans doute.

LUCIE

Reste avec lui, ma chère Gilberte, tu me présenteras plus tard.

Elle sort par la droite. Paul vient en scène

SCÈNE II

GILBERTE — PAUL.

PAUL, *venant avec empressement auprès de Gilberte*

Ma cousine Gilberte, n'est-ce pas ?

GILBERTE

Mon cousin Paul ?

PAUL

Je suis bien content de vous voir, chère cousine.

GILBERTE

Et moi aussi, cher cousin... Mais pourquoi me dis-tu : Vous ?

PAUL

Parce qu'il le faut.

GILBERTE

Tu, je crois, est bien plus gentil.

PAUL

Ce n'est pas mon avis.

GILBERTE

Il semble que l'on est moins cousin et cousine en se disant : Vous.

PAUL

Ce n'est pas mon avis.

GILBERTE

Cela a même l'air un peu prétentieux.

PAUL, accentuant la voix

Ce n'est pas mon avis.

GILBERTE

Alors, tant pis pour vous.

PAUL

Ça ne m'empêche pas d'être content de vous voir, cousine.

GILBERTE

Tout comme moi, cousin.

PAUL

C'est la première fois que vous venez à Paris, n'est-ce pas ?

GILBERTE

Oui. Je désirais depuis longtemps faire ce voyage et j'ai profité de l'invitation de ma tante pour venir voir ce beau Paris.

PAUL

Beau ? oui, surtout pour les gens de province.

GILBERTE

Beau pour tout le monde ! Paris est une merveille.

PAUL

Pas tant que ça.

GILBERTE

Chacun le dit.

PAUL

C'est possible, mais ce n'est pas mon avis.

GILBERTE

Alors la réputation de Paris est perdue.

PAUL

Vous vous moquez de moi, ma cousine.

GILBERTE

J'en aurais le droit, mais...

A ce moment, Etienne paraît à la porte du fond; il est petit de taille et il a l'air maladif.

ÉTIENNE

Monsieur Paul Devès ?

PAUL

C'est moi.

GILBERTE, se dirigeant vers la droite

Je vous laisse, mon cher cousin, je reviendrai.

PAUL

N'y manquez pas, chère cousine.

Gilberte sort

SCÈNE III

PAUL — ÉTIENNE

ÉTIENNE

M. Rebel, mon père et votre maître de calcul, est souffrant depuis hier ; il m'a dit de le remplacer ce matin et de vous donner votre leçon.

PAUL

Il aurait mieux valu attendre à demain.

ÉTIENNE

Demain, mon père ne sera probablement pas encore en état de sortir.

PAUL, examinant Etienne

C'est que...

ÉTIENNE

Je vous comprends : Vous me trouvez bien jeune ; rassurez-vous, je suis petit et maladif, mais j'ai quatorze ans et, je me permets de le dire, je puis remplacer mon père auprès de vous.

PAUL.

Quatorze ans ! je suis aussi grand que vous.

ÉTIENNE

Je ne dis pas non, mais ce n'est pas une raison pour ne pas vous donner votre leçon.

PAUL

Nous allons voir.

Tous les deux prennent place devant la table.

ÉTIENNE

Vous deviez aujourd'hui vous occuper des poids et des mesures.

PAUL

Oui.

ÉTIENNE

Dites-moi, s'il vous plaît, ce qu'est le litre.

PAUL

Le litre, c'est quelque chose qu'on boit.

ÉTIENNE

Que dites-vous?

PAUL

Ce qui est : Un jour, j'ai entendu un homme dire à un autre : Allons boire un litre; donc, le litre se boit.

ÉTIENNE

Permettez-moi de vous expliquer...

PAUL, avec un peu de vivacité

Vous voulez peut-être me prouver que le litre est une chose qu'on mange.

ÉTIENNE

Assurément, non.

PAUL

Eh bien ! alors ?

ÉTIENNE

Mais cela ne se boit pas, non plus. Le litre est une mesure de capacité, elle peut contenir de l'eau comme du vin.

PAUL

Donc, cela se boit.

ÉTIENNE

Ecoutez-moi, je vous prie : Lorsque vous êtes à table, vous buvez ce que votre verre contient, mais vous ne buvez pas le verre lui-même, n'est-ce pas ?

PAUL

Ce serait très drôle.

ÉTIENNE

Ce serait bien plus drôle si l'on devait boire la bouteille qui contient le litre.

PAUL

Ne plaisantez pas, la moutarde me monte au nez.

ÉTIENNE

Il faut bien vous expliquer ce que vous ne comprenez pas.

PAUL, vivement

Je comprends mieux que vous!... Tenez, passons à autre chose.

ÉTIENNE

Soit... Savez-vous ce qu'est le mètre?

Après un silence.

Répondez.

PAUL

Je répondrai, si je veux.

ÉTIENNE

Vous le devez.

PAUL

Eh bien! le mètre est la millionième partie du quart du méridien terrestre.

ÉTIENNE

Vous vous trompez.

PAUL

Je ne me trompe pas.

ÉTIENNE

Le mètre est la dix-millionième partie du quart du méridien terrestre.

PAUL

Pas du tout.

ÉTIENNE

C'est trop fort! S'il y avait beaucoup d'élèves comme vous, le métier de professeur ne serait pas facile. Je vous dis que le mètre est la dix-millionième...

PAUL, l'interrompant avec colère

La millionième! Croyez-vous en savoir plus que le livre d'arithmétique? Vous m'impatientez à la fin!

ÉTIENNE

Je ne puis laisser passer une pareille sottise.

PAUL, éclatant

C'est vous qui êtes un sot!

Il prend sur la table un livre qu'il ouvre rapidement.

En voilà la preuve.

Lui présentant le livre

Lisez !

ÉTIENNE

Mais vous ne voyez pas que dans le coin...

PAUL

Je vois que vous êtes un sot et que vous ne savez rien.

ÉTIENNE

Vous parlez grossièrement, monsieur Paul.

PAUL

Allez-vous en ! sortez vite de la maison ou je vous fais mettre à la porte !

ÉTIENNE, se levant

Je vous prouverai votre ignorance.

PAUL, frappant du pied

Allez-vous en ! allez-vous en ! sot ! double sot !

ÉTIENNE, gagnant la porte du fond et se retournant

Méchant !

Il sort.

SCÈNE IV

PAUL

Tout le monde est contre moi... Ma cousine a commencé et celui-là finit... Je suis très en colère...

Après un silence

Mais pourquoi me contrarier?... Il est bien facile de dire comme moi et de me donner toujours raison... Ce maître entêté veut prouver mon ignorance, je lui prouverai la sienne... Mon livre d'arithmétique est là... Enfin, il est parti... Je dirai à Maman que je ne veux plus le voir et il ne reviendra plus... Maman fait toujours ce que je veux...

Une pause

La colère s'en va... Il m'a dit que je suis méchant... ce n'est pas vrai... Je ne suis pas méchant, puisque Maman dit que j'ai bon cœur...

Gilberte entre.

SCÈNE V

PAUL. — GILBERTE

GILBERTE

Cher cousin, me permettez-vous de me faire coiffer dans votre chambre?
Indiquant la chambre, à droite
Celle-là est un peu obscure.

PAUL

Faites, ma chère cousine.

GILBERTE

Merci.
Allant vers la porte, à droite
Venez.

LA FEMME DE CHAMBRE, entrant

Voilà, Mademoiselle.

Elle entre et elle pose des nœuds de rubans sur la toilette.

SCÈNE VI

PAUL — GILBERTE — LA FEMME DE CHAMBRE

Gilberte s'assied devant la toilette. — Paul se met devant la table où il feuillette livres et papiers.

GILBERTE, à la femme de chambre

Coiffez-moi avec attention.

LA FEMME DE CHAMBRE

Je fais de mon mieux, vous le savez, Mademoiselle.

GILBERTE

Vous le savez ! qui vous permet un pareil langage ? Je vous ai déjà dit que vous devez me parler à la troisième personne.

LA FEMME DE CHAMBRE

Pardon, j'ai cru que ce n'était pas sérieux.

GILBERTE

Est-ce que, par hasard, vous croyez que je plaisante quand je vous donne un ordre? Ne vous oubliez plus.

LA FEMME DE CHAMBRE

C'est bien.

GILBERTE

Coiffez-moi donc et faites attention; hier, vous m'avez tiré les cheveux en y passant le peigne.

LA FEMME DE CHAMBRE

Mademoiselle n'a pourtant rien dit.

GILBERTE

Cela n'empêche pas que vous m'ayez tiré les cheveux.

LA FEMME DE CHAMBRE

Mademoiselle est agacée aujourd'hui.

GILBERTE

De quoi vous mêlez-vous et que vous importe que je sois agacée ou non?

PAUL, à part

Ma chère cousine n'a pas un très bon caractère.

LA FEMME DE CHAMBRE

C'est que je reçois le contre-coup de votre agacement.

GILBERTE

Encore la deuxième personne!

LA FEMME DE CHAMBRE

Que voulez-vous? Je ne connais ni la grammaire ni la conjugaison des personnes.

GILBERTE

Quelle ignorance! je vous ferai servir du foin à dîner.

LA FEMME DE CHAMBRE

Je ne mange jamais avant Mademoiselle.

GILBERTE

Taisez-vous, insolente! et coiffez-moi.

LA FEMME DE CHAMBRE

Quel ruban faut-il mettre dans les cheveux de Mademoiselle?

GILBERTE

J'aimerais bien ce nœud rose, mais la nuance est trop foncée.

LA FEMME DE CHAMBRE

Cette nuance est pourtant très claire.

GILBERTE

Je vous dis qu'elle est foncée.

LA FEMME DE CHAMBRE

Mais...

GILBERTE, evec vivacité

Je vous dis qu'elle est foncée!

PAUL, à part.

Vrai! ma cousine a mauvais caractère.

LA FEMME DE CHAMBRE

Alors, mettons le nœud bleu.

GILBERTE

Non, ce bleu est trop clair.

LA FEMME DE CHAMBRE

Trop clair? que Mademoiselle regarde mieux, ce bleu est plutôt foncé.

GILBERTE

Je vous dis qu'il est clair.

LA FEMME DE CHAMBRE

En vérité...

GILBERTE, en frappant sur la toilette

Je vous dis qu'il est clair, pécore !

LA FEMME DE CHAMBRE

Je n'y comprends plus rien.
Elle demeure un instant immobile

GILBERTE

Eh bien! que faites-vous là, plantée comme un piquet?

PAUL, à part

Que faut-il qu'elle fasse?

LA FEMME DE CHAMBRE

Essayons la nuance rouge.

GILBERTE

Vous savez bien que le rouge ne va pas à ma figure.

LA FEMME DE CHAMBRE

Pas de rose, pas de bleu, pas de rouge. Que Mademoiselle me donne ses ordres, je ne puis pas inventer des couleurs.

PAUL, à part

C'est vrai, ça.

GILBERTE

Impertinente! quoi! vous osez me répondre ainsi!... Tenez, voilà le cas que je fais des rubans que vous avez choisis!

Elle se lève et elle jette à terre chacun des nœuds en piétinant dessus

Tenez! tenez!!

PAUL, à part

C'est affreux!

LA FEMME DE CHAMBRE

Tant pis pour Mademoiselle, c'est elle qui paie ses rubans.

GILBERTE

Taisez-vous, ignorante! grossière! mal apprise!

LA FEMME DE CHAMBRE

Il faut être méchante pour me traiter ainsi.

PAUL, se levant et intervenant

Mais, ma cousine...

GILBERTE, à Paul

Qu'avez-vous à dire, vous, et de quoi vous mêlez-vous?

PAUL

Je veux dire que...

GILBERTE, s'approchant de Paul

Voudriez-vous, par hasard, prendre la défense de ma femme de chambre?

PAUL

Mais...

GILBERTE, venant regarder Paul sous le nez

Mais, quoi ? Si vous voulez être pour elle contre moi, dites-le, je vous ferai voir ce que je suis !

PAUL

Ah! quel horrible défaut que la colère.

GILBERTE

Je ne suis pas en colère, mais si je l'étais...

Elle ferme les poings et elle frappe des pieds

Ah! si je l'étais, je vous en ferais voir bien d'autres !

PAUL, à part

Et dire que je suis souvent ainsi, j'en ai honte.

Étienne, avec un livre ouvert à la main, entre en scène.

SCÈNE VII

PAUL — GILBERTE — LA FEMME DE CHAMBRE — ÉTIENNE

ÉTIENNE, venant devant Paul

Monsieur Paul Devès, ce livre qui n'est pas déchiré au coin, comme le vôtre, vous prouvera que le mètre est bien la dix-millionième partie...

PAUL

Vous avez raison.

ÉTIENNE

Vous voyez que votre insistance et votre colère de tantôt n'étaient pas justifiées.

PAUL

C'est vrai et je vous en demande pardon.

ÉTIENNE

Quel rapide changement!... N'importe, je vous en félicite, car l'entêtement et la colère sont deux vilaines choses.

PAUL

Je m'en suis aperçu ici, tout à l'heure.

GILBERTE, frappant du pied

Est-ce que ?...

PAUL, à Gilberte

Non, non, en voilà assez.
à Étienne
Je suis tout à fait guéri.

ÉTIENNE

En êtes-vous sûr ?

PAUL

Très sûr.

GILBERTE, changeant tout à coup de ton

Alors, mon cher cousin, permettez-moi de vous dire qu'avec Lucie, mon amie bien chère que je vous présente, nous avons arrangé cette petite scène après avoir entendu ce qui s'est passé ici. Nous avons voulu montrer ce que ces défauts ont de laid. Nous avons réussi, j'en suis charmée. Rien n'est vrai dans tout cela.

PAUL

Excepté mon retour à la raison, car pour faire ce que j'ai fait, il faut avoir perdu la tête.

à Étienne

Vous ne m'en voulez plus, n'est-ce pas ?

ÉTIENNE, lui serrant les mains

Non, monsieur Paul, on pardonne tout à la bonté.

LE COMPLIMENT

PERSONNAGES

RENÉE. . . . . 11 ans
GABRIELLE . . . . 10 —
ALICE, 10 ans.   } sœurs de Renée
MARIE, 6 »
MADAME DE LUCET, leur mère
BONNE-MAMAN

LE COMPLIMENT

Un salon. — A droite, un peu vers le fond, une table avec ce qu'il faut pour écrire. — Un grand fauteuil à gauche. — Porte au fond et portes latérales.
Au lever du rideau, Alice et Gabrielle sont en scène. A gauche, Marie va de long en large en portant de temps en temps la main à son front.

SCÈNE PREMIÈRE

ALICE — GABRIELLE — MARIE

GABRIELLE

A quoi penses-tu, ma chère Alice ? est-ce un grand secret ?

ALICE

Je pense à quelque chose, mais ce n'est

pas un secret ; je puis te dire ce que c'est, car tu es ma meilleure amie et je n'ai rien de caché pour toi.

GABRIELLE
Alors, dis.

ALICE
C'est aujourd'hui la fête de Bonne-maman. Renée, Marie et moi allons lui porter les compliments faits pour elle. Mais figure-toi que cette fois Bonne maman a dit qu'elle donnerait une montre en or à celle qui lui fera le plus joli compliment. Je voudrais bien gagner le beau cadeau.

GABRIELLE
Pourquoi ne le gagnerais-tu pas ?

ALICE
Marie ne concourt pas, mais ma sœur Renée est bien plus forte que moi.

GABRIELLE

Elle a un an de plus et l'on en doit tenir compte.

MARIE, en se tournant vers le public

J'y suis et je le sais maintenant.

ALICE, sans remarquer ce que dit Marie

On ne l'a pas dit et je ne sais pas si l'on tiendra compte de l'âge, mais ce que je sais bien, c'est...

Elle hésite

Voilà que maintenant je n'ose pas te le dire.

GABRIELLE

Pourquoi, ma chère Alice?

ALICE

Parce que je vais te paraître mauvaise et jalouse.

GABRIELLE

Pour cela, non.

ALICE

Tu ne me connais pas bien.

GABRIELLE

Va donc jusqu'au bout.

ALICE

Si je n'avais pas ce beau cadeau...

En entendant ce dernier mot, Marie se tourne du côté des jeunes filles et elle écoute

ALICE, continuant

J'en aurais un grand chagrin. C'est mal, n'est-ce pas? car, enfin, si on ne me le donne pas, c'est que je ne l'aurai pas mérité.

GABRIELLE

Un pareil chagrin est naturel et tout le monde le comprendra.

ALICE

Mais il serait si grand pour moi qu'il me rendrait méchante. Je serais désespérée en voyant Renée gagner la montre. Etre jalouse de sa sœur, c'est laid !.. Et pourtant, je ne puis changer mon cœur, c'est plus fort que moi...

GABRIELLE

Mais, je le répète, pourquoi ne gagnerais-tu pas le prix ? Tu as déjà fait de très jolies compositions.

ALICE

Veux-tu voir mon compliment ?

GABRIELLE

J'allais te le demander.

ALICE

Allons dans ma chambre.

Après un silence

Ma chère Gabrielle, il est bien entendu que tu me diras ce que tu penses, mais rien de plus. Pas un avis, pas un conseil ; ce ne serait pas honnête.

GABRIELLE

Tu as raison, je ne donnerai que mon opinion.

Elles sortent par la gauche

SCÈNE II

MARIE — *puis* RENÉE

MARIE

Je sais mon compliment... J'en sais même deux, un en prose, l'autre en vers... Quel est le plus joli ? je ne sais pas... Bien sûr, je ne puis pas en dire deux.

Renée entre en scène

MARIE, venant auprès d'elle

Grande sœur, qu'est-ce qui est plus joli, la prose ou les vers ?

RENÉE

Tous les deux peuvent être très jolis.

MARIE

Mais pour un compliment ?

RENÉE

Pour cela, les vers sont souvent préférables.

MARIE

Alors, je dirai les vers.

Après un silence et se rapprochant de Renée

Mais grande sœur, les vers sont-ils propres ?

RENÉE

S'ils sont propres ! pourquoi demandes-tu cela, chérie ?

MARIE

Parce que j'ai entendu dire qu'on tirait les vers du nez.

RENÉE

Tais-toi, petite sœur, et ne te sers plus d'une expression que tu ne peux comprendre et qui est très laide.

MARIE

Je ne le savais pas, je ne le dirai plus...
Je réciterai le compliment en vers.

RENÉE

Chacune récitera le sien.

MARIE

Toi aussi, grande sœur ?

RENÉE

Moi, aussi, ma chérie.

MARIE

Et Alice aussi ?

RENÉE

Certainement.

MARIE

Est-ce que tu gagneras la montre en or ?

RENÉE

Peut-être.

MARIE

Alice alors ne la gagnera pas ?

RENÉE

Non, si je la gagne.

MARIE

Pauvre Alice !

RENÉE

Que dis-tu? Je ne te comprends pas, petite sœur. Pourquoi pauvre Alice ?

MARIE

Tout à l'heure, je l'ai entendue parler avec Gabrielle.

RENÉE

Eh bien?

MARIE

Elle disait que si elle ne gagnait pas le prix, elle serait bien malheureuse.

RENÉE

Bien malheureuse !

MARIE

Elle disait aussi que c'est très laid d'être jalouse de sa sœur, mais que c'était plus fort qu'elle et qu'elle serait désespérée si elle n'avait pas la montre.

RENÉE

Elle a dit cela ?

MARIE

Oui, grande sœur, je l'ai entendue.

MADAME DE LUCET, paraissant à la porte de droite et appelant

Marie ?

MARIE

Me voilà, Maman.

MADAME DE LUCET

Viens donc, ma chérie.

MARIE

Oui, Maman.

Elle sort par la droite avec sa mère

SCÈNE III

RENÉE

Pauvre Alice ! pourquoi ne m'a-t-elle rien dit ?..

Après un silence.

Je tiens aussi à cette montre et je serais charmée de l'avoir, car elle est bien belle... Mais Alice en serait malheureuse et je veux lui éviter le moindre chagrin.

Elle sort un écrit de sa poche

Mon devoir est donc tout tracé...

Elle va vers la table à droite et elle s'assied

Chère Alice! elle aurait de la peine par moi!... Non, jamais!...

Elle efface une ligne

Je suis contente du hasard qui m'a fait connaître la vérité.

Elle efface encore

MADAME DE LUCET, *à la porte de droite et à part*

Que m'a dit Marie?

Elle s'avance un peu sur la pointe des pieds et elle observe un instant Renée qui continue à effacer sur le papier

Ah! je comprends! Chère, chère enfant!

Elle regagne la porte, elle envoie un baiser à Renée et elle sort sans que celle-ci l'ait vue

RENÉE

Allons, voilà qui est fait...

Elle se lève

Je n'ai même plus besoin de repasser cet écrit.

Regardant vers le fond

Je n'aurai pas le cadeau, mais Alice n'aura pas de chagrin... C'est une compensation.

Elle met l'écrit dans sa poche.

Ah! voici Bonne maman.

Bonne maman entre; elle est suivie d'Alice et de Marie; madame de Lucet vient ensuite. Bonne maman s'assied dans le grand fauteuil. Madame de Lucet se met à sa gauche.

SCÈNE IV

RENÉE — BONNE-MAMAN — MADAME DE LUCET — ALICE — MARIE

BONNE MAMAN

Bonjour, mes chères enfants.

MADAME DE LUCET

Allons, mes fillettes.

RENÉE, s'approchant de Bonne maman

Chère Bonne-maman, je te souhaite une bonne fête et je t'embrasse de tout mon cœur.

BONNE MAMAN, après avoir réprimé un mouvement de surprise

Merci, ma chère Renée.

Elle l'embrasse ; Renée passe à droite, Alice vient à son tour devant Bonne maman.

ALICE

C'est aujourd'hui ta fête, chère Bonne maman. Aussi, je suis descendue ce matin au jardin. J'ai dit aux arbres de te prêter encore longtemps leur ombrage ; j'ai dit aux fleurs de t'offrir encore longtemps leurs parfums ; j'ai dit aux oiseaux de chanter encore longtemps pour toi leurs plus jolies chansons. Puis, comme le soleil paraissait, je lui ai dit de se lever encore longtemps sur tes pas. Les arbres, les fleurs, les oiseaux et le soleil m'ont promis de faire ce que je leur ai demandé, chacun me l'a dit à sa façon, et moi, je viens te le dire à la mienne et en te faisant deux gros baisers.

BONNE MAMAN

Merci, ma chérie, de ton joli compliment.

Elle embrasse Alice qui passe à droite. — Marie s'approche

MARIE

Bonne-maman, voici mes souhaits pour ta fête
Joie à ton cœur, santé parfaite,
Horizon jamais obscurci,
Et pouvoir t'embrasser pendant vingt ans ainsi.

BONNE MAMAN

Merci, mon cher trésor.

Marie l'embrasse et elle rejoint ses sœurs à droite

BONNE MAMAN

Maintenant, approchez-vous, mes enfants. Vous savez que j'ai promis une montre à celle qui m'aura dit le plus joli compliment.

Elle prend dans sa poche un écrin qu'elle ouvre

Chère Alice, c'est toi qui as mérité ce prix, le voilà.

ALICE, prenant la montre.

Oh! quel bonheur! merci, Bonne maman, merci!

à madame de Lucet

Mère, me permets-tu d'aller le dire à Gabrielle?

MARIE

Me permets-tu d'accompagner Alice?

MADAME DE LUCET

Allez, mes enfants, et revenez bientôt.

Alice et Marie sortent par le fond. Renée se dirige vers la droite

BONNE MAMAN

Ma chère Renée, j'ai à causer un instant avec toi.

RENÉE

Bien, grand'mère.

MADAME DE LUCET

Causez toutes les deux.

Elle va vers la droite et elle dit à part

Que va-t-il se passer et que va faire Renée ?

Elle sort.

SCÈNE V

RENÉE — BONNE-MAMAN

BONNE MAMAN

Tu as, sans doute, compris pourquoi j'ai voulu te parler, mon enfant.

RENÉE

Quelle qu'en soit la raison, j'en suis heureuse, car tu sais que mes meilleurs moments sont ceux que je passe auprès de toi.

BONNE MAMAN

As-tu remarqué le mouvement de surprise que je n'ai pu réprimer en entendant ton compliment.

RENÉE

Oui, grand'mère.

BONNE MAMAN

Eh bien ! qu'en as-tu pensé ?

RENÉE

Que tu n'en étais pas contente.

BONNE MAMAN

Et c'est vrai. Ce que tu as dit est presque une banalité et n'a rien de comparable avec ton gentil compliment de l'année dernière.

RENÉE

L'esprit n'est pas toujours disposé...

BONNE MAMAN

L'esprit, peut-être, mais non le cœur.

RENÉE

Le cœur lui-même ne peut pas toujours dire ce qu'il sent.

BONNE MAMAN

Mais de là à la phrase dont tu t'es servie, il y a loin.

RENÉE

Alors, pardonne-la moi, grand'mère.

BONNE MAMAN

Ecoute, mon enfant : Un pareil fait ne se produit pas sans raison et je ne puis admettre celle que tu m'as donnée.

RENÉE

Pourtant...

BONNE MAMAN

Tu connaissais la date de ma fête, tu pouvais donc t'y prendre en temps. L'inspiration, en tel cas surtout, ne fait pas défaut quinze jours de suite. Il y a une autre cause, ma chère Renée.

RENÉE

Je ne puis rien ajouter à ce que tu sais déjà.

BONNE MAMAN

Il y a une autre cause, te dis-je, et je désire la connaitre.

RENÉE

Mais, grand'mère...

BONNE MAMAN

Je vois, à tes hésitations, que tu me caches quelque chose ; tu ne sais pas mentir, mon enfant.

RENÉE

Je ne puis dire plus que je n'ai dit.

BONNE MAMAN

Tu persistes ?... Mais si, au lieu de t'adresser une prière, je te donnais un ordre, que me répondrais-tu ?

RENÉE

Ce que je t'ai déjà répondu.

BONNE MAMAN

Sais-tu bien que c'est de la désobéissance ?

RENÉE

Non, grand'mère... crois-moi...

BONNE MAMAN

Et que c'est très mal d'agir ainsi ?

RENÉE

Non...

BONNE MAMAN

Eh bien ! ce que tu ne veux pas dire, je le dirai, moi... Tu ne m'aimes plus.

RENÉE

Ah! de quoi m'accuses-tu, grand'mère? Je ne t'aime plus!... mais tu sais bien que c'est toi que j'aime le plus au monde.

Elle porte la main à ses yeux

BONNE MAMAN

Si tu m'aimais, tu ne me cacherais pas la vérité.

Madame de Lucet entre par la droite

SCÈNE V

RENÉE — BONNE MAMAN — MADAME DE LUCET

MADAME DE LUCET

La vérité, je vais te la faire connaître. Ce que Renée a fait est admirable.

RENÉE, avec un geste de supplication

Mère !..

MADAME DE LUCET

Elle a appris par Marie qu'Alice aurait été désolée de ne pas avoir le prix ; elle s'est donc sacrifiée et elle t'a fait un compliment banal pour laisser Alice gagner la montre.

BONNE MAMAN

Tu as fait cela, mon enfant, et tu as gardé ton secret devant mes reproches ! C'est admirable... Embrasse-moi.

RENÉE, l'embrassant

Mais n'en dis rien à Alice, je t'en prie.

BONNE MAMAN

Non, mon enfant, je veux te laisser tout ton bonheur... Mais, moi aussi, j'ai un devoir à remplir... Je ne puis laisser un aussi beau dévouement sans récompense.

Elle reprend dans sa poche l'écrin qu'elle ouvre, elle en sort un médaillon

Tiens, mon enfant, prends ce médaillon, il est à toi.

RENÉE

Oh! qu'il est joli! Bonne-maman, merci!... Mais que ma chère Alice l'ignore jusqu'au jour de ma fête où tu me remettras le riche médaillon.

Alice et Marie entrent par le fond

SCÈNE VII

RENÉE — BONNE-MAMAN — MADAME DE LUCET — ALICE — MARIE

ALICE

Gabrielle a été bien heureuse de ma victoire.

à Renée.

Tu me la pardonnes, n'est-ce pas?

RENÉE

Chère Alice, tu sais que ton bonheur fait le mien.

ALICE

Mon cadeau est si beau! on m'a dit que c'est un vrai joyau.

BONNE MAMAN

Il est un joyau plus beau encore, ma chère Renée, c'est ton cœur.

UN DUEL

PERSONNAGES

ALFRED . . . .   12 ans.
CHARLES, son frère. . . .   7 —
FRANCIS . . . .   12 —
LOUIS. . . . .   12 —
CLÉMENT. . . . .   12 —
ROBERT, jeune anglais.   12 —
L'ONCLE ROLLAND, ancien lieutenant de vaisseau.
UN MAITRE D'ÉTUDES.

UN DUEL

Un jardin. — A droite et à gauche, une allée par laquelle on arrive en scène

SCÈNE PREMIÈRE

ALFRED — CHARLES

CHARLES

Frère, dis-moi ce que c'est qu'un duel, tous les grands de la classe en parlent.

ALFRED

Un duel, petit frère, est une rencontre dans laquelle deux adversaires se battent jusqu'à ce que l'un des deux soit tué ou mis hors de combat.

CHARLES

Et comment se bat-on ?

ALFRED

L'arme est choisie d'avance par celui qui est offensé. On se bat au pistolet, au sabre...

CHARLES

Je croyais qu'on se battait avec des canons.

ALFRED

C'est le cas dans les grandes batailles où les armées luttent entre elles, mais tu comprends, petit frère, que pour se battre en duel, on ne peut tenir un canon dans la main.

CHARLES

Ça pèse trop.

ALFRED

D'abord, puis il y a le recul.

CHARLES

Comment! le canon recule?

ALFRED

Oui, petit frère.

CHARLES

Est-ce qu'il a peur?

ALFRED

Non; c'est la réaction du coup qui détermine le mouvement en arrière. Tu sauras cela plus tard.

CHARLES

Tu m'as dit qu'on se bat au sabre aussi.

ALFRED

Oui, mais moins souvent. Les étudiants allemands se battent ainsi parce qu'ils tiennent à porter sur le visage ces balafres dont ils sont fiers et qui, pourtant, ont l'air d'un tatouage.

CHARLES

D'un tatouage, comme les sauvages du *Petit Robinson*.

ALFRED

Oui, comme les sauvages... Mais le duel le plus en usage est le duel à l'épée.

CHARLES

Ah?

ALBERT

Là, c'est la véritable escrime, le véritable combat. On pare, on est prêt à la riposte.

Prenant la pose de quelqu'un qui se bat

On prépare une feinte.

Se fendant et frappant du pied

On porte une botte.

CHARLES

Quoi ! on porte...

Il est interrompu par l'arrivée de Louis et de Clément qui viennent par l'allée de droite

SCÈNE II

ALFRED — CHARLES — LOUIS — CLÉMENT

LOUIS, à Alfred

Pouvons-nous causer un moment avec toi ?

ALFRED

Certainement.

LOUIS

Nous venons de la part de Francis qui, tu le sais, est notre ami.

ALFRED

Je le sais.

CLÉMENT

Tu as dit que Francis est un crétin.

ALFRED

C'est vrai.

CLÉMENT

Hein?

LOUIS, à Clément

C'est vrai qu'il l'a dit.

CLÉMENT

Et notre ami s'en trouve offensé.

ALFRED

Naturellement, il n'y a que la vérité qui offense.

LOUIS

C'est une nouvelle insulte.

ALFRED

Non, c'est une affirmation.

LOUIS

Ainsi faire injure au mérite de Francis est une indignité.

CLÉMENT

Il est le plus fort de nous tous.

ALFRED

Voilà pourquoi il n'est jamais premier.

LOUIS

On est jaloux de lui.

ALFRED

Vous voyez cela, vous autres qui êtes des...

CLÉMENT

Des crétins ?

ALFRED

Non, de bons enfants. Il dessine un œil et vous en faites un peintre ; il fait deux vers de mirliton et vous l'appelez poète. Enfin, cela vous regarde... Arrivons maintenant à ce qui vous amène auprès de moi.

CLÉMENT

Nous y voilà. Francis se croyant insulté, demande une réparation par les armes.

ALFRED

C'est très juste.

CLÉMENT

Et en sa qualité d'offensé, il choisit l'épée.

ALFRED

C'est encore très juste.

CLÉMENT

La rencontre peut donc avoir lieu ici.

ALFRED

Fort bien.

CLÉMENT

Et tout de suite, si tu veux.

ALFRED

Tout de suite.

CLÉMENT

Il te faut deux témoins.

ALFRED, apercevant Robert qui entre par l'allée de gauche

Justement, voici Robert qui m'en servira avec son frère Percy.

SCÈNE III

ALFRED — CHARLES — LOUIS — CLÉMENT
ROBERT

ALFRED, à Robert

Mon cher Robert, je sais que je puis toujours compter sur ton amitié.

ROBERT, avec l'accent anglais

Bien sûr.

ALFRED

Je te prie donc d'être mon témoin dans un duel qui va avoir lieu ici, tout à l'heure.

ROBERT

Un duel, à quoi ?

ALFRED

A l'épée.

ROBERT

Avec qui ?

ALFRED

Avec Francis.

ROBERT

Un duel à l'épée ! avec Francis ! Mais, comme on dit chez vous, quelle mouche vous pique ? Tout le monde ici parle de duel comme si c'était une chose simple et naturelle. En Angleterre, on trouve le duel stupide et l'on a bien raison. En effet, dans ces rencontres, celui qui a le droit pour lui peut être blessé ou tué. C'est absolument ridicule.

LOUIS

Il faut cependant relever les insultes reçues.

ROBERT

Certainement, mais pour cela on n'a pas besoin de se tuer.

CLÉMENT

Alors, que fait-on ?

ROBERT, mettant les deux poings en avant

On boxe... La boxe est, chez nous, le règlement de tous les différends. Depuis le lord jusqu'au paysan, tout le monde boxe... Si l'on vous regarde de travers, boxe ! Si l'on parle mal de vous, boxe !... La boxe et toujours la boxe !.. On se casse les dents, on se poche les yeux, on s'enfonce les côtes, mais on ne se tue pas et, comme on dit encore chez vous, tout est bien qui finit bien.

ALFRED

C'est une théorie très jolie, mais...

ROBERT

On n'appelle pas théorie ce qui se pratique tous les jours.

ALFRED

Je ne conteste pas les avantages de la boxe, mais il s'agit maintenant d'une rencontre à l'épée et dans laquelle toi et ton frère Percy serez mes témoins. Je compte sur tous les deux, n'est-ce pas ?

ROBERT

Sans doute... Je fais seulement une restriction.

LOUIS

Ah ?

ALFRED

Et laquelle ?

ROBERT

Je la ferai connaître quand les adversaires seront en présence.

CLÉMENT

J'espère qu'elle n'a rien de contraire à l'honneur.

ALFRED

J'en suis certain.

CLÉMENT

Nous allons donc chercher Francis.

ROBERT

Moi, je vais appeler mon frère.

Louis et Clément sortent par la droite, Robert par la gauche ; Charles sort de ce côté lentement et d'un air pensif.

SCÈNE IV

ALFRED, puis **L'ONCLE ROLLAND**

ALFRED

Ce Robert est étrange, presque excentrique, mais, dans le fond, ce qu'il dit est vrai. Certes, je n'ai pas une grande admiration pour le duel à coups de poings ; cela manque un peu de distinction ; mais ne pas tuer quelqu'un, c'est quelque chose. Enfin...

L'oncle Rolland entre ; il marche lentement en s'appuyant sur une canne

ROLLAND

Te voilà, mon cher Alfred.

ALFRED

Oui, mon oncle.

ROLLAND

Tu ne t'attendais pas à ma visite aujourd'hui, n'est-ce pas ?

ALFRED

Non, je l'avoue.

ROLLAND

J'ai voulu te voir avant mon départ.

ALFRED

Quoi ! vous partez, mon oncle ?

ROLLAND

Oui, mon garçon. Une lettre très pressante m'appelle au Havre où je dois me rendre aujourd'hui même et où, selon toute apparence, il me faudra demeurer quelque temps.

ALFRED

Vous êtes bien gentil d'être venu.

Remarquant que son oncle fait quelques pas en traînant la jambe

Vous semblez boiter, mon oncle.

ROLLAND

C'est ma satanée balle qui fait des siennes.

ALFRED

Une balle ?

ROLLAND

Oui, une balle reçue à la jambe gauche et qu'on n'a jamais pu extraire.

ALFRED

Dans quel combat avez-vous reçu cette blessure ?

ROLLAND

Ce n'est pas dans un combat, c'est dans un duel.

ALFRED

Vraiment ?

ROLLAND

Oui, à bord du BAYARD, avec un de mes camarades, lieutenant de vaisseau, comme moi.

ALFRED

Et puis-je vous en demander la cause?

ROLLAND

Assurément : Ce monsieur s'était permis de dire que j'étais embêtant comme la pluie et que je l'agaçais. Je ne pouvais tolérer de tels propos ; je lui en demandai raison et le lendemain, au point du jour, nous nous battîmes au pistolet, à l'arrière du vaisseau. Mon adversaire fut atteint en pleine poitrine d'un coup dont il faillit mourir et moi, je reçus cette balle qu'on n'a pu enlever et qui a élu domicile dans ma jambe.

ALFRED

Vous auriez pu être tué, mon oncle.

ROLLAND

Sans doute, mais qu'importe? L'honneur a des lois imprescriptibles auxquelles personne ne peut toucher. Une offense, si légère qu'elle soit, doit être relevée sous peine de déchéance de l'insulté.

ALFRED

A ce point?

ROLLAND

Je partage en cela l'opinion de mon glorieux homonyme, le capitaine Rolland dont les principes faisaient règle au temps de Henri IV.

ALFRED

Henri IV est mort depuis bien longtemps.

ROLLAND

Les hommes passent et les principes restent.

Une heure sonne

Une heure... Il faut que je te laisse, mon cher Alfred, et je ne puis continuer ma thèse; mais puisque tu entres dans la vie, rappelle-toi, lorsque tu seras un homme, que jamais on ne transige avec l'honneur et que dans un duel il est permis de mourir et non de reculer. Sur ce, adieu, mon garçon; tu embrasseras Charlot pour moi.

ALFRED

Oui, mon oncle. Vous nous donnerez de vos nouvelles, n'est-ce pas?

ROLLAND

Je n'y manquerai pas... Adieu, mon cher Alfred.

ALFRED

Au revoir mon oncle.

Rolland sort.

ALFRED

S'il avait entendu ce que Robert disait tout à l'heure, que serait-il advenu ?... Vraiment, on ne sait de quel côté faire pencher la balance ; tous les deux ont raison...

Regardant à droite

Ah ! voici Francis et ses témoins.

Louis et Clément viennent par la droite, suivis de Francis. Louis porte deux épées. Robert et Percy, *personnage muet*, entrent par la gauche.

SCÈNE V

ALFRED — LOUIS — CLÉMENT — FRANCIS ROBERT

LOUIS, à Robert

Une rencontre est devenue inévitable entre Francis et Alfred, car Francis persiste à demander raison de l'insulte reçue...

FRANCIS

Absolument.

LOUIS, continuant

Et Alfred persiste à ne pas faire des excuses.

ALFRED

Absolument.

LOUIS

Mesurons les épées.

ROBERT

Permettez : Vous allez vous battre, mais je ne sais pas encore pourquoi.

FRANCIS

Alfred a dit que je suis un crétin.

ROBERT

Eh bien ! qu'est-ce que cela prouve ?

FRANCIS

Cela prouve que je suis offensé.

ROBERT

Ce n'est pas mon opinion. Tu es un crétin ou tu ne l'es pas ; si tu ne l'es pas, c'est Alfred qui, aux yeux de tous, passera pour tel et, alors, tant pis pour lui. Si tu l'es...

FRANCIS

Si je le suis ?

ROBERT

Alors, tant pis pour toi ; mais de façon ou d'autre, je ne vois pas de raison pour se battre.

LOUIS

Allons donc ! tout le monde ici est d'un avis contraire.

CLÉMENT

Evidemment.

LOUIS

Voici les épées.

Il donne une épée à Francis et l'autre à Alfred

CLÉMENT

Allons !

ROBERT

Pardon...

LOUIS

Encore !

ROBERT

J'ai dit que je ferai une restriction. Appelez-moi original, excentrique, tout ce que vous voudrez, mais je la ferai ou je ne serai pas témoin. Le combat a lieu à l'épée, mais je me réserve la distance; on se battra à quinze pas.

CLÉMENT

Pas de plaisanterie !

ALFRED, à Robert

Je t'ai prié d'être mon témoin...

FRANCIS

Allons, en garde !
Il fait un pas vers Alfred, lorsque Charles entre ;
il tient à la main un paquet enveloppé

SCÈNE VI

Les Mêmes — CHARLES

CHARLES, venant devant Francis

C'est toi qui veux te battre avec grand-frère, dis ?

FRANCIS

Ote toi de là, morveux !

CHARLES

Non ; c'est avec moi que tu te battras !
Il défait rapidement le paquet qu'il tient, il en

sort une botte, puis il prend une pose d'escrime en disant à Francis :

Je te porte une botte !

Tous partent d'un éclat de rire

ROBERT

Très bien, Charlot. Voilà comment je comprends le duel...

Riant

Ah! je ris.

à Francis

Tu ris.

Regardant Alfred

Il rit.

S'indiquant lui-même et indiquant encore Alfred et Francis

Nous rions.

à Louis et à Clément,

Vous riez... Tous, ils rient... Eh bien ! mes amis, croyez-moi, jetez vos épées, car, ainsi qu'on le dit chez vous, quand on rit, on est désarmé... Allons, un bon mouvement, et tendez-vous les mains.

ALFRED

Eh bien ! oui !

Il jette son épée, Francis jette la sienne

Mon cher Francis, sans rancune.

FRANCIS, lui tendant la main

Aucune.

LOUIS

La rime y est.

CLÉMENT

Et la raison aussi.

Apercevant le maître d'études qui est entré en même temps que Charles et qui s'est tenu vers le fond

Le pion !

LE MAITRE D'ÉTUDES, venant en scène

Vous vous tendez la main et vous avez raison. Pour mettre un terme à vos idées belliqueuses et ridicules, je vous portais un ordre de retenue de quinze jours, combattants et témoins ; mais vous avez ri devant l'exploit de Charles et je pardonne, car j'ai ri aussi et aussi je suis désarmé.

ALFRED, à Charles

Bravo ! Charlot, ta botte a porté.

ROSE ET ROSETTE

PERSONNAGES

ROSE. . . . . 7 ans.
ROSETTE. . . . . 7 —
MADAME DE LANCY, mère de Rose

ROSE ET ROSETTE

Un petit salon chez madame de Lancy. — Porte au fond et à gauche. — Un guéridon au milieu. — Fauteuils.

Au lever du rideau, Rose est en scène. Rosette entre par le fond avec un bouquet à la main.

ROSETTE, présentant le bouquet

Je viens vous souhaiter une bonne fête et vous offrir ce petit bouquet pour Maman et pour moi.

ROSE

Merci pour toi, ma chère Rosette, et pour ta mère qui ne m'a pas oubliée.

####### ROSETTE

Maman vous oublier! oh! non; elle parle de vous tous les jours et elle dit qu'elle n'a jamais vu de maîtresse aussi bonne que madame de Lancy.

####### ROSE

C'est comme Maman qui dit toujours que ta mère a été sa plus gentille femme de chambre. Comment va cette bonne Émilie?

####### ROSETTE

Elle est très bien et je suis contente que vous me parliez d'elle, car elle m'a dit de vous demander quelque chose.

####### ROSE

Dis-moi vite ce qu'elle veut.

ROSETTE

Une de nos voisines a une jeune fille qui s'appelle Marthe et qui est du même âge que moi. La voisine veut qu'avec sa petite Marthe nous jouions à la Dame dans une fête de famille. Je ne connais pas ce jeu ; Marthe, non plus. Pouvez-vous me dire ce que c'est? Vous ferez bien plaisir à Maman et à moi.

ROSE

Je le puis, ma chère Rosette. Beaucoup de dames viennent voir Maman ; je connais donc très bien ce jeu et je vais le jouer devant toi.

ROSETTE

Que vous êtes bonne ! merci.

ROSE

Ce n'est pas difficile, tu n'as qu'à bien suivre ce que je dis.

Elle roule deux fauteuils au milieu de la scène, puis, elle va vers la porte du fond en tendant les mains

— Bonjour, chère, je suis charmée de vous revoir.

Changeant de voix comme si l'autre dame parlait

— Que vous êtes aimable !

Elle s'approche du fauteuil de gauche et elle indique celui de droite

— Asseyez-vous.

Elle continue à changer de voix chaque fois que la visiteuse est censée parler

— Quel joli chapeau vous avez ! il vous va à merveille.

— Vous trouvez? il me semble qu'il m'allonge un peu la figure.

— N'en croyez rien, vous êtes belle comme un ange... Voyons, qu'avez-vous fait? qu'êtes-vous devenue?

— J'ai été à Marseille.

— Au pays du soleil?

— Oui, mais ce n'est pas le soleil que j'y ai trouvé.

— Ah! et quoi donc?

— Le mistral.

— J'ai entendu parler de lui, mais je ne le connais pas.

— Ne désirez pas faire sa connaissance, ma chère. C'est une chose insupportable. La bise qui passe sur les ponts de Paris est un zéphir auprès de ces coups de vent qui vous mettent les robes sur la tête.

ROSETTE, *interrompant*

Oh ! les robes sur la tête ! ce n'est pas joli, ça.

ROSE

Bien sûr que ce n'est pas joli, mais le mistral n'a pas d'éducation... Tu comprends bien le jeu, n'est-ce pas ?

ROSETTE

Très bien.

ROSE

Alors, je continue.

ROSETTE

Oui, oui.

ROSE

— Vous allez rester à Paris quelque temps encore, j'espère.

— Jusqu'à mon départ pour Étretat...
J'admire votre toilette.

— Je suis charmée qu'elle soit à votre goût... A propos, étiez-vous hier au concert Lamoureux ?

— Hélas ! oui.

— Pourquoi, hélas ?

— Je m'y suis mortellement ennuyée.

— C'était du Wagner, cependant; vous n'aimez peut-être pas ce genre.

— Le genre m'importe peu, mais je n'aime pas la musique de qui n'aime pas mon pays.

ROSETTE, interrompant encore

C'est très bien, ça.

ROSE

C'est Maman qui l'a dit l'autre jour en parlant avec une dame et je l'ai retenu.

ROSETTE

Je le crois bien... Maintenant, mademoiselle Rose, je comprends le jeu et je vous remercie.

ROSE

Veux-tu essayer de finir la scène ?

ROSETTE

Volontiers.

Elle s'assied sur le fauteuil de droite

— Vous n'irez plus à ces concerts.

— J'irai quand on y jouera une autre musique.

Se levant

— Quoi ! vous partez déjà ?

— Il le faut, ma chère ; je dois aller voir toutes mes amies ; j'ai commencé par vous.

— Merci.

Faisant mine de l'accompagner vers le fond

— Quand vous reverrai-je ?

— Le plus tôt sera le mieux pour moi.

— Et pour moi, donc !

— Que vous êtes charmante !

— A bientôt.

— A bientôt.

Elle salue et elle revient en scène

— Ouf ! elle est partie.

ROSE

C'est cela et tu peux jouer à la Dame aussi bien que moi.

ROSETTE

Je vous remercie encore.

Elle fait quelques pas vers le fond

ROSE

Mais, ma chère Rosette, c'est aussi ta

fête aujourd'hui. Je te la souhaite bonne en t'embrassant de tout mon cœur.

Elle l'embrasse ; puis, après un silence

Veux-tu voir les cadeaux que j'ai reçus ?

ROSETTE

Oui, mademoiselle Rose.

Rose sort par la gauche et elle revient d'abord avec une petite voiture, puis, avec une poupée et un berceau qu'elle met sur le guéridon

ROSETTE

Oh ! les jolis cadeaux ! la belle poupée !

ROSE

Ce n'est pas tout, regarde.

Elle lui met un bracelet sous les yeux

ROSETTE

Un bracelet... il est aussi bien joli.

ROSE

On m'a gâtée, n'est-ce pas ?

Après un nouveau silence

Dis-moi, de tous ces cadeaux quel est celui que tu aimes le plus ?

ROSETTE, montrant la poupée

Celui-là.

ROSE

Vrai, tu trouves cette poupée jolie ?

ROSETTE

Bien jolie.

ROSE

Moi, non.

ROSETTE

Comment ! cette poupée ne vous plaît pas ?

ROSE

Non, elle est trop pâle... puis, elle est malade.

ROSETTE

Il me semble qu'elle se porte bien.

ROSE

Non, moi qui la connais déjà, je puis t'assurer qu'elle est malade et même très malade.

Comme frappée d'une idée subite

Écoute-moi, Rosette : Comme je ne peux pas la soigner assez bien, veux-tu la soigner toi-même ?

ROSETTE

Oh ! oui.

ROSE, prenant la poupée sur le guéridon

Si tu la sauves, elle deviendra ta petite fille et elle restera avec toi. Le veux-tu ?

ROSETTE

Je n'ose pas dire oui... vous êtes trop bonne pour moi.

ROSE

C'est entendu et la voilà.

Elle met la poupée dans les bras de Rosette

ROSETTE, à la poupée

Je t'aime déjà, ma chérie. Je vais bien te soigner pour que tu sois vite guérie et que nous puissions venir revoir mademoiselle Rose.

ROSE

Je l'espère bien... Mais j'y pense...

Quand un malade a besoin d'être soigné, la première chose qu'il lui faut, c'est un bon lit. Tiens, voilà le berceau où tu mettras ta chère poupée.

Elle prend le berceau sur le guéridon et elle le met près de Rosette.

ROSETTE

Oh! non, je n'accepte pas cela, mademoiselle Rose, c'est beaucoup trop. Je soignerai ma petite malade et quand elle sera fatiguée, je la mettrai dans mon lit.

ROSE

Non, non, elle est habituée à son berceau et elle ne dormirait pas dans ton lit. Accepte donc.

ROSETTE

Non, je n'accepte pas. Votre mère, si elle le savait, vous gronderait...

Madame de Lancy paraît à la porte de gauche

MADAME DE LANCY

Non, mes enfants, je ne gronderai pas Rose pour ce qu'elle veut faire et l'approuve entièrement.

A Rosette, en venant en scène

Accepte donc la poupée et le berceau. Aujourd'hui même, je remplacerai l'une et l'autre à ma chère Rose.

ROSETTE, frappant des mains

Alors, j'accepte ! Oh ! que je vais aimer ma chère poupée et que je vous aime aussi, mademoiselle Rose !

Elle l'embrasse, puis, elle vient faire une révérence devant madame de Lancy

Merci, Madame.

MADAME DE LANCY

J'enverrai tout cela chez toi, ma chère Rosette.

ROSE

Que tu es gentille et que je t'aime, petite mère.

MADAME DE LANCY

Tu as fait une bonne action, ma fille, et une bonne action est toujours récompensée.

LE PETIT PRÉTENTIEUX

PERSONNAGES

GEORGES. . . . . 11 ans.
ALBERT. . . . . 11 —
MARCEL. . . . . 10 —
LUCIENNE, sœur de GEORGES   6 —
MONSIEUR CONSTANT, père de Georges
LE DIRECTEUR DE L'ÉCOLE
GARÇONS ET FILLETTES

LE PETIT PRÉTENTIEUX

Un salon transformé en salle de distribution de prix. — Au fond, quatre marches conduisent à une estrade où se trouve une table devant laquelle sont rangés des fauteuils. — Derrière les fauteuils, une grande porte. — Sur la table, une boite de compas avec d'autres prix dont on trouvera la nomenclature au cours de la pièce. — Portes à droite et à gauche — Des deux côtés, des bancs.

Au lever du rideau, Lucienne joue, à droite, avec une chambre à coucher dont elle a mis les meubles sur une chaise. — Georges est devant la porte de gauche avec la main sur le bouton. — Albert et Marcel sont en scène

SCÈNE PREMIÈRE

GEORGES *devant la porte* — ALBERT
MARCEL — LUCIENNE

GEORGES

Vous avez beau dire, vous avez beau

faire, celui qui obtiendra le prix au concours d'arithmétique, c'est moi.

<small>Il sort fièrement</small>

MARCEL

Qu'il est prétentieux!... Papa dit que la prétention est le partage de la sottise.

ALBERT

C'est très vrai. De plus, Georges se croit sûr de la victoire parce que son père, monsieur Constant, a prêté ce salon pour la distribution des prix qui va avoir lieu tout à l'heure.

MARCEL

Le travail de Georges n'en vaudra pas mieux.

ALBERT

Je le sais, mais cela augmente encore

son orgueil. Il ne doute de rien, tout ce qu'il fait est bien fait et les autres ne sont que des imbéciles.

MARCEL

Le plus grand imbécile, c'est lui.
Lucienne a tourné la tête en entendant le mot, mais elle se remet à ranger son petit ménage

ALBERT

Le prix, d'ailleurs, en vaut la peine. La boîte est très belle : Grands, moyens et petits compas, série de balustres, doubles tire-lignes, équerres, rapporteurs, c'est un prix superbe et je voudrais bien le gagner.

MARCEL

Moi, je crois que tu le gagneras.

ALBERT

Tu crois cela parce que tu es mon ami.

MARCEL

Non. D'abord, nous n'avons été que quelques-uns à concourir.

ALBERT

Nous avons été huit.

MARCEL

Moi, je n'ai pas cherché à résoudre le problème, je l'ai trouvé trop difficile. Pierre, Gaston et Félix n'ont rien fait, non plus.

ALBERT

Par la même raison?

MARCEL

Par la même raison.

ALBERT

La solution est facile, pourtant.

MARCEL

Comment? Trouver une somme qui est augmentée chaque année de moitié et qui, au bout de la seconde année, s'élève à cinquante-quatre francs.

ALBERT

Eh bien! c'est simple comme bonjour.

MARCEL

Comme bonjour! Moi, j'ai dit: Bonsoir!

ALBERT

Tu as été trop vite... Voyons, quelle est la moitié de deux?

MARCEL

La moitié de deux, c'est un.

ALBERT

Et le tiers de trois?

MARCEL

C'est aussi un.

ALBERT

Eh bien! voilà.

MARCEL

Voilà?

ALBERT

Tu comprends, n'est-ce pas?

MARCEL

Pas du tout.

ALBERT

As-tu dans ta poche un crayon et un morceau de papier?

MARCEL, sortant l'un et l'autre

Oui.

ALBERT

Divise cinquante-quatre par trois.

MARCEL, après avoir fait quelques chiffres

Le résultat est dix-huit.

ALBERT

Cinquante-quatre moins dix-huit, égale?

MARCEL

Trente-six.

ALBERT

Divise trente-six par trois.

MARCEL

Cela fait douze.

ALBERT

Trente-six moins douze ?

MARCEL

Vingt-quatre.

ALBERT

Vingt-quatre, voilà le chiffre : Vingt-quatre, augmenté de moitié, égale trente-six à la fin de la première année. Trente-six, augmenté de dix-huit, égale cinquante-quatre à la fin de la seconde. Tu vois que c'est bien simple.

MARCEL

C'est vrai, c'est plus facile que je ne croyais.

ALBERT

Donc, les autres ont pu résoudre aussi le problème.

MARCEL

Non, je les connais, ils ne sont pas plus forts que moi.

ALBERT

Ah?.. Et Georges?

MARCEL

Encore Georges! mais tu sais que les prétentieux sont bêtes... J'ai suivi son travail du coin de l'œil et j'ai vu qu'il a rempli trois pages de chiffres.

ALBERT

Trois pages de chiffres, quand il y a assez de trois lignes! Je respire un peu.

MARCEL

Il est sûr d'avoir le prix; moi, je dis qu'il ne l'aura pas, parce que, je le répète, prétentieux et imbécile, c'est la même chose.

Lucienne a encore entendu le propos et elle s'est remise à son petit ménage

ALBERT

L'heure approche; viens, mon cher Marcel, rejoignons nos camarades, nous devons entrer avec eux.

Ils sortent par la gauche

SCÈNE II

LUCIENNE

Il manque quelque chose à cette chambre... Je cherche ce que c'est et je ne trouve pas...

Indiquant chaque meuble

Le lit, l'armoire à glace, le fauteuil,

le sopha, le guéridon au milieu... Qu'est-ce qu'il manque donc ?...

Après un silence

Tiens ! que je suis bête !.. C'est la table de nuit... Il faut une table de nuit... On ne peut coucher dans une chambre où il n'y en a pas... Il faut...

Georges rentre par la gauche et il entend les derniers mots de Lucienne

SCÈNE III

LUCIENNE — GEORGES

GEORGES

Que faut-il, petite sœur ?

LUCIENNE

Regarde ce qui manque à cette chambre.

GEORGES, *après avoir regardé un moment et en riant*

Ah! je vois ce qui manque... L'indispensable. Sais-tu ce que cela prouve?

LUCIENNE

Quoi donc?

GEORGES

Que le marchand est un fripon ou un imbécile.

LUCIENNE

Un imbécile! qu'est-ce que c'est, dis?

GEORGES

C'est quelqu'un qui ne sait rien, qui n'est bon à rien et qui fait mal tout ce qu'il fait.

LUCIENNE

C'est étonnant.

GEORGES

Mais non, ce n'est pas étonnant; tout le monde te dira la même chose.

LUCIENNE

Et un prétentieux, qu'est-ce que c'est?

GEORGES

C'est quelqu'un qui croit avoir un mérite qu'il n'a pas et qui, sans aucune raison, se met au-dessus des autres.

LUCIENNE

C'est étonnant.

GEORGES

Encore! beaucoup de choses t'étonnent aujourd'hui, petite sœur.

LUCIENNE, se rapprochant un peu

Dis, frère, est-ce que tu ne sais rien ?

GEORGES

Moi ? mais je sais beaucoup, au contraire. Je connais la grammaire, l'orthographe, la géographie, l'histoire... Pourquoi demandes-tu cela ?

LUCIENNE

Est-ce que tu te mets au-dessus des autres ?

GEORGES

Ceci est un droit pour moi, puisque je suis le plus fort de ma classe. Mais, encore une fois, pourquoi toutes ces questions ?

LUCIENNE

Parce que Marcel disait tout à l'heure à Albert que tu es un prétentieux et un imbécile.

GEORGES

Ce qu'ils peuvent avoir dit ne me surprend pas ; ils sont jaloux de moi, ils savent que j'aurai le prix au concours d'arithmétique et cela les enrage.

LUCIENNE

Alors, tu es sûr d'avoir le prix ?

GEORGES

Si j'en suis sûr ! mais je n'en doute pas un seul moment.

Une heure sonne

D'ailleurs, il est une heure, on va ouvrir les portes pour la cérémonie... Viens, sœur, allons rejoindre les autres élèves et bientôt tu verras qui sera nommé.

Lucienne remet les meubles dans la boîte et elle sort avec Georges par la gauche

Une marche au piano se fait entendre. La porte de droite s'ouvre; des jeunes fillettes entrent en scène et viennent prendre place sur les bancs de droite; Lucienne vient ensuite et elle s'assied sur le premier banc, près du public

Les jeunes garçons entrent, à leur tour, par la gauche et prennent place sur les bancs de ce côté; Albert et Marcel entrent ensuite; puis, Georges vient s'asseoir; il se trouve ainsi le premier et vis-à-vis Lucienne

La porte du fond s'ouvre alors. Le Directeur de l'école entre, il est suivi des professeurs, des maîtresses d'études et de monsieur Constant. Ils prennent place sur les fauteuils devant la table

---

(1) Si l'on n'avait pas un personnel suffisant pour cette mise en scène, on pourrait réduire le nombre des garçons et des fillettes et les appeler deux fois à la distribution.

SCÈNE IV

LE DIRECTEUR DE L'ÉCOLE — MONSIEUR CONSTANT — GEORGES — ALBERT — MARCEL LUCIENNE — MAITRESSES D'ÉTUDES — PROFESSEURS — PETITS GARÇONS — FILLETTES.

LE DIRECTEUR

Mes chers enfants, hier nous vous avons distribué les récompenses que vous avez méritées aux derniers examens. Nous n'avons réservé qu'un seul concours, celui d'arithmétique dont le prix sera décerné à la fin de la séance.

GEORGES, à Albert

Je sais bien à qui, quoi qu'on dise.

LE DIRECTEUR

La cérémonie d'aujourd'hui a pour but de récompenser les qualités qu'on a reconnues chez vous. On ne peut pas tout mettre au concours; il est des aptitudes naturelles et des qualités de cœur qu'on ne peut comparer et qui ont cependant une grande valeur. Nous allons donc récompenser vos aptitudes et les dons que vous avez reçus. Cela n'a pas encore été fait, mais je crois que c'est une innovation juste et qu'elle aura des imitateurs.

Il prend sur la table une feuille de papier. Il nomme les lauréats qui viennent prendre leurs prix à mesure qu'on les appelle et il ajoute la nature du prix.

LE DIRECTEUR

PRIX DE MODESTIE : Alice Duquesne, une couronne de violettes.

PRIX D'ACTIVITÉ : Léon Dufay, une abeille en argent.

PRIX DE POLITESSE : Berthe Maunoir, une boîte à gants.

PRIX DE GYMNASTIQUE : Louis Cassien, un beau pantin.

PRIX DE BONTÉ : Julie Dervieu, un cœur en or.

PRIX DE BONNE MINE : Paul Berthier, un petit panier de pommes d'api.

PRIX D'EXACTITUDE : Lucienne Constant, une montre en vermeil.

PRIX DE MÉMOIRE : Jean Duvernoy, une carte de France avant 1870.

Jean prend la carte, puis, il se tourne vers le public et il porte ses lèvres du côté de l'Alsace-Lorraine.

JEAN

J'embrasse les absents.

Il retourne à sa place

LE DIRECTEUR, continuant

PRIX DE CORDIALITÉ : Hortense Jalais, une poignée de main en argent.

PRIX DE DISCRÉTION : Pierre Audry, un presse-papier surmonté d'un chien en bronze.

PRIX D'ATTACHEMENT : Antoinette Vidal, un nœud de ruban bleu.

PRIX DE COURAGE : Edmond Vadier, un képi de soldat.

PRIX DE GÉNÉROSITÉ : Jeanne Leduc, une bourse ouverte.

PRIX D'ADRESSE : Félix Deydier, une boîte d'enveloppes.

MONSIEUR CONSTANT, au Directeur

J'approuve votre innovation et j'espère avec vous qu'elle aura des imitateurs.

LE DIRECTEUR

Il reste à décerner le prix du concours d'arithmétique : Prix unique : Albert Geoffroy.

MARCEL, à Albert

Je te l'avais bien dit.

Albert va sur l'estrade et le Directeur lui remet la boîte de compas

LE DIRECTEUR

Je vous félicite, mon jeune ami.

GEORGES, se levant et s'avançant un peu

C'est une injustice ! ce prix m'appartient, c'est moi qui l'ai gagné.

LE DIRECTEUR

Si vous l'aviez gagné, on vous l'aurait donné.

GEORGES

Alors, vous n'avez pas examiné mon travail.

LE DIRECTEUR

C'est parce que je l'ai examiné, que je ne vous ai pas donné le prix.

Pendant la réplique du Directeur, monsieur Constant est descendu sur le devant de la scène

MONSIEUR CONSTANT

Moi aussi, mon fils, j'ai examiné votre travail.

GEORGES

Eh bien, mon père?

MONSIEUR CONSTANT

Et je l'ai trouvé très mauvais. Non seulement vous n'avez pas compris l'énoncé du problème, mais vous avez fait des calculs inutiles et qui, pour la plupart sont faux.

GEORGES

Pourtant...

MONSIEUR CONSTANT

N'insistez pas. J'aurais été heureux d'un succès pour vous comme je l'ai été tout à l'heure devant celui de ma chère Lucienne; mais votre travail ne pouvait être récompensé, sachez-le bien.

GEORGES

Mais...

MONSIEUR CONSTANT

Vous êtes prétentieux, mon fils, et ce défaut dépare les qualités de votre esprit et de votre cœur.

GEORGES, après un silence

Alors, mon père ?

MONSIEUR CONSTANT

Il faut vous en corriger.

GEORGES, après un nouveau silence

Mes maîtres sont sévères pour moi et mes camarades ne m'aiment pas.

MONSIEUR CONSTANT

Corrigez-vous et vous retrouverez la bonté de vos maîtres et l'amitié de vos camarades.

GEORGES

Je vais essayer, mon père, et je profiterai de la leçon que j'ai reçue. Je vais, dès demain, me consacrer entièrement à mes études.

LUCIENNE, *venant auprès de Georges*

Et moi, grand frère, je te réveillerai chaque jour, j'ai pour cela une montre...

MONSIEUR CONSTANT, *riant*

Qui deviendra un réveil-matin.

LE DIRECTEUR

Et maintenant, mes enfants, nous allons danser.

Les groupes se forment et l'on danse

LES HEURES

PERSONNAGES

GUSTAVE. . . . .   10 ans.
HÉLÈNE. . . .   7 —

LES HEURES

Une chambre de fillette. — A gauche, un secrétaire.—
A droite une toilette. — Une fenêtre au fond. —
Porte à gauche.

SCÈNE PREMIÈRE

GUSTAVE — HÉLÈNE

HÉLÈNE

Mon cher Gustave, il est dix heures et tu n'es pas encore allé à la pension.

GUSTAVE

Tu oublies, petite sœur, que c'est aujourd'hui jeudi.

HÉLÈNE

C'est vrai.

GUSTAVE

Ah! quel beau jour que le jeudi! Il n'y en a qu'un qui puisse lui être comparé, c'est le dimanche. Aussi on aurait bien dû mettre deux ou trois jeudis par semaine, cela aurait été gentil.

HÉLÈNE

On aurait dû mettre aussi deux ou trois dimanches, cela serait plus gentil encore... Paresseux, va!

GUSTAVE

Moi! paresseux!

HÉLÈNE

Oui, toi. Tu ne vois que congés et vacances et tu voudrais t'amuser du matin jusqu'au soir.

GUSTAVE

Par exemple!

HÉLÈNE

Comment ferais-tu si tu étais occupé autant que moi?

GUSTAVE

Que dis-tu là? je crois que tu veux rire, petite sœur.

HÉLÈNE

Non, je ne ris pas. Ici, on peut te dire, la bonne et mon ami le gros chien Médor, toute la peine et tout le travail que me donne Mimi.

GUSTAVE

Mimi!... qu'est-ce que cela? Peut-être quelque amie qui s'endort devant ses cahiers d'études?

HÉLÈNE

Non.

GUSTAVE

Quelque enfant qui se met à son piano moins volontiers que toi?

HÉLÈNE

Non.

GUSTAVE

Qu'est-ce donc que Mimi?

HÉLÈNE

Mimi, c'est ma poupée.

GUSTAVE, avec emphase

C'est sa poupée, ô ciel!...

Avec sa voix naturelle

Comment aurais-je pu deviner le travail et la peine que cela peut te donner?

HÉLÈNE

C'est pourtant très facile à comprendre : Tous les matins je fais sa toilette...

GUSTAVE

C'est énorme !

HÉLÈNE, *continuant*

Je lui lave...

GUSTAVE

La tête?

HÉLÈNE

Non.

GUSTAVE

Quoi donc, alors?

HÉLÈNE

Le visage, Monsieur. Puis, je lisse ses jolis cheveux sur son front, puis, je lui mets sa robe.

GUSTAVE

C'est colossal, et pour cela tu dois, vraiment, te lever avant le jour.

HÉLÈNE

Ce n'est pas tout : Elle est très douce et très bien élevée. Quand je lui fais une observation, elle ne répond jamais, et quand je la mets au coin, elle attend que j'aille la chercher. Tu vois que c'est un grand travail. Aussi, tous les matins...

GUSTAVE, l'interrompant

Avant le jour.

HÉLÈNE

Non, à huit heures.

GUSTAVE

Huit heures... voilà une mauvaise heure.

HÉLÈNE

Tiens ! pourquoi donc ?

GUSTAVE

Parce qu'elle sonne pour moi l'entrée en classe, c'est-à-dire l'heure des exercices ennuyeux et des problèmes insipides. Il faut faire des calculs qui ne finissent plus, il faut tracer des cartes où l'on perd sa route, il faut enfin travailler comme un cheval, sans compter les pensums et les retenues qui viennent agréablement s'ajouter à ces ennuis. Ah ! quelle heure triste que huit heures !

HÉLÈNE

Quelle est donc celle que tu aimes le plus?

GUSTAVE

C'est...

HÉLÈNE

Je vais te le dire, moi, c'est celle où tu ne fais rien.

GUSTAVE

Dis-moi que je suis un paresseux.

HÉLÈNE

Je te l'ai déjà dit.

GUSTAVE

C'est trop fort!... Mais toi qui parles tant, quelle est l'heure que tu préfères? Huit heures, sans doute.

HÉLÈNE

Et quand cela serait, quel mal y a-t-il? Oui, l'heure où je m'occupe de Mimi est la meilleure pour moi. A dix heures, pourtant, je fais une lecture avec petite mère et j'écris une page. A midi, je déjeune...

GUSTAVE

Oh! pour cela, tu ne prends pas de vacances.

HÉLÈNE

Toi, non plus.

Continuant

A deux heures, je vais...

GUSTAVE

Fais-moi grâce du reste. Le travail des Romains n'est rien auprès du tien. Faire une page, soigner la toilette de

Mimi, c'est tout dire et ceux qui n'ont pas de Mimi sont des paresseux.

HÉLÈNE

Toi surtout.

GUSTAVE

Hélène, veux-tu que je te dise ce que je pense de toi?

HÉLÈNE

Dis.

GUSTAVE

Eh bien! franchement, tu n'es qu'une petite sotte.

HÉLÈNE

Tu trouves?

GUSTAVE

Oui, et encore par bonté pour toi...

HÉLÈNE

Par bonté pour moi ? tu es gentil.

GUSTAVE

Laisse-moi achever : Par bonté pour toi, je ne me sers pas du mot que tu mérites.

HÉLÈNE, piquée

Ne te gêne pas, dis ce que tu voudras, ça m'est bien égal.

GUSTAVE

Eh bien ! tes prétentions te rendent ridicule et tu n'es qu'une bête.

HÉLÈNE

Une bête ! pourtant petite mère m'a donné avant-hier un premier prix.

GUSTAVE

Entendons nous ; un premier prix parce que c'est le premier qu'elle t'a donné.

HÉLÈNE

Je l'ai gagné tout de même.

GUSTAVE

Je le crois bien, tu étais seule à concourir.

HÉLÈNE

Toi, tu n'as jamais que des accessits.

GUSTAVE

C'est beaucoup, n'en a pas qui veut.

HÉLÈNE

Tais-toi, orgueilleux !

GUSTAVE

Tais-toi, petite pécore !

HÉLÈNE

Méchant !

GUSTAVE, gagnant vers la porte

Petite sotte !

HÉLÈNE

Brutal !

GUSTAVE

Petite bête !

Il sort

SCÈNE II

HÉLÈNE

Comme il m'a parlé !... Pécore, sotte, bête !... Et pourquoi ? parce qu'il n'aime pas l'heure que j'aime, parce que, à cette heure-là, je m'occupe de Mimi... C'est très mal, car faire une page ou faire la toilette de sa poupée, c'est toujours travailler... Vous allez voir...

Elle va ouvrir un tiroir du meuble, et elle y prend sa poupée qu'elle regarde un instant.

Elle a pleuré, bien sûr en entendant ce que Gustave m'a dit... Il faut que je lui lave la figure.

Elle va prendre une serviette, elle la mouille et elle la passe sur le visage de la poupée.

La voilà consolée... Maintenant, je vais faire sa toilette... D'abord, voyons le temps qu'il fait.

Elle va regarder par la fenêtre du fond.

Il fait beau ; je ne puis donc pas lui laisser des souliers de peau.

Elle enlève les souliers de la poupée et elle en va prendre d'autres dans le meuble, à gauche.

Je vais lui mettre ses souliers de satin bleu.

Elle lui met les souliers.

N'est-ce pas un travail, cela?... Je voudrais bien y voir Gustave... Ce n'est pas tout... Quel chapeau faut-il lui mettre?

Elle cherche dans son tiroir.

Voilà son petit chapeau bleu qui lui va si bien!..

Elle lui met son chapeau.

C'est cela... Et maintenant quelle jupe?...

Elle cherche encore

Eh bien! pour assortir sa toilette, je lui mettrai sa jupe bleue.

Elle lui met sa jupe

Ma chère Mimi, te voilà vouée au bleu... Tu es bien jolie... Quand je vais t'emmener à la promenade avec petite mère, tout le monde va te trouver gentille...

Elle met la poupée sur le meuble.

Attends que l'heure vienne, ma chérie... Vous voyez si j'ai du travail... Je n'ai pas fini... Petite mère doit m'interroger sur le livret et je veux bien répondre.

Après un silence.

Deux fois deux font quatre... deux fois trois font...

Elle compte sur ses doigts. Gustave paraît à la porte de gauche et il s'arrête en écoutant sa sœur qui lui tourne le dos.

SCÈNE III

HÉLÈNE — GUSTAVE

HÉLÈNE, répétant

Deux fois trois...

Elle compte sur ses doigts

font six... Deux fois cinq...

Comptant toujours sur ses doigts

deux fois cinq font huit...

GUSTAVE, s'approchant

Non, chère Hélène, deux fois cinq font dix.

HÉLÈNE

Ah! te voilà?

GUSTAVE

Oui, petite sœur.

HÉLÈNE

Petite sœur ? tu veux dire petite sotte, petite bête.

GUSTAVE

Ne te fâche pas. Sais-tu d'où je viens ?

HÉLÈNE

Non.

GUSTAVE

Je viens de consulter Maman.

HÉLÈNE

Sur quoi ?

GUSTAVE

Sur ce que nous avons débattu.

HÉLÈNE

Sur les heures ?

GUSTAVE

Oui ; je lui ai demandé l'heure la meilleure pour elle.

HÉLÈNE

Elle a répondu : huit heures, n'est-ce pas ?

GUSTAVE

Non; elle a dit ne pas avoir d'heure préférée, parce que pour elle c'est toujours celle de nous aimer.

HÉLÈNE

Oh ! la jolie réponse, et que petite mère a raison !

GUSTAVE

C'est ce que je me suis dit. Aussi, je suis venu tout de suite auprès de toi pour te prier d'oublier notre dispute. Tu n'es ni pécore, ni sotte, ni bête.

HÉLÈNE

Et toi, tu n'es ni méchant, ni brutal.

GUSTAVE

Faisons la paix.

HÉLÈNE

Faisons la paix.

GUSTAVE

Et aimons-nous toujours, comme l'a dit Maman.

HÉLÈNE

Oui; l'heure de s'aimer est toujours la meilleure. Embrasse-moi, grand frère.

GUSTAVE

Embrasse-moi, petite sœur.

Ils s'embrassent.

LA DAME EN NOIR

PERSONNAGES

LA DAME EN NOIR
PIERRE. . . . 11 ans.
ANDRÉ. . . . 8 —

LA DAME EN NOIR

Un salon. — Fauteuils. — Porte au fond.
Au lever du rideau, la Dame en noir est sur le seuil de la porte au fond, prête à sortir.

SCÈNE PREMIÈRE

LA DAME EN NOIR — PIERRE

PIERRE

Revenez bien vite, Madame. Auprès de vous on se sent fort et l'on est toujours prêt à faire son devoir.

LA DAME

Oui, mon enfant, je reviendrai. J'ai une visite à faire tout près d'ici et je serai de retour dans peu d'instants. D'ailleurs, ma place est marquée auprès de la jeunesse.

Elle sort

PIERRE

Depuis que cette dame vient ici, il me semble que j'ai plus de raison et plus de force. Elle exerce un grand pouvoir autour d'elle et elle persuade aisément...

Il est interrompu par l'arrivée d'André qui, d'un air effrayé, entre par le fond

SCÈNE II

PIERRE — ANDRÉ

ANDRÉ

Il fait nuit dans l'escalier.

PIERRE

Et tu as peur, selon ton habitude.

ANDRÉ

Oui, parce que...

PIERRE

Parce que ?

ANDRÉ

Il m'a semblé voir passer quelque chose de noir.

PIERRE

Un fantôme, peut-être.

ANDRÉ

Non, les fantômes sont blancs, mais peut-être un voleur.

PIERRE

Et tu as peur des voleurs ?

ANDRÉ

Tout le monde en a peur.

PIERRE

Toi, surtout.

ANDRÉ

Pense donc... D'abord, ils vous volent.

PIERRE

Naturellement, sans cela ils ne seraient pas voleurs.

ANDRÉ

D'autres fois ils vous tuent et on vous trouve le lendemain, nageant...

PIERRE

Nageant ?

ANDRÉ

Dans le sang.

PIERRE

Comme on dit dans les journaux.

ANDRÉ

Et comme c'est vrai... Que veux-tu ? on ne peut pas se changer... Ainsi, quand il pleut...

PIERRE

Tu as peur de la pluie ?

ANDRÉ

Non, mais j'ai peur des éclairs et des tonnerres, et, la nuit, je fourre ma tête sous les draps pour ne rien voir et ne rien entendre.

PIERRE

Ta poltronnerie est ridicule; tu n'as qu'à regarder le danger en face.

ANDRÉ

Tu veux que je regarde le tonnerre en face ?

PIERRE

Non le tonnerre, mais les sottises qui sont dans ton cerveau.

ANDRÉ

Je te l'ai dit, je ne puis pas me changer... Maintenant, Pierre, il faut que je te dise pourquoi je suis venu te voir.

PIERRE

Je t'écoute.

ANDRÉ

J'ai dit à mon petit père que je puis faire une lettre.

PIERRE

Je te crois assez intelligent pour cela.

ANDRÉ

Papa m'a donné le sujet.

PIERRE

Et quel est-il?

ANDRÉ

Ce que je pense d'un poltron.

PIERRE

Ah! et tu as fait la lettre?

ANDRÉ

Oui.

PIERRE

Peux-tu me la faire entendre?

ANDRÉ

Je suis venu pour ça.

<small>Il sort un papier de sa poche</small>

PIERRE

Lis donc.

ANDRÉ, lisant

Le poltron est à l'abri de tout danger. Il ne lui arrive jamais rien de mal. Il ne va pas sur mer, il ne risque pas d'être noyé. Si le feu prend quelque part, il n'y va pas, il ne risque pas d'être brûlé.

PIERRE

Il laisse brûler les autres.

ANDRÉ, continuant

Il ne se fait pas soldat, il ne va pas à la bataille, il ne risque pas d'être tué...

PIERRE, l'interrompant

Assez! je ne puis plus entendre de pareilles choses !

ANDRÉ

Est-ce que j'ai fait une faute ?

PIERRE

Oui, une faute de... français.

La Dame en noir rentre par le fond. André fait un mouvement de crainte et il vient sur le devant de la scène.

SCÈNE II

PIERRE — ANDRÉ — LA DAME

PIERRE

Madame, vous arrivez à propos ; voici

un poltron comme je n'en connais pas et que je vous recommande.

LA DAME

Un poltron ! de quoi a-t-il peur ?

PIERRE

De tout.

LA DAME

En vérité !... Voulez-vous me laisser un instant avec lui ?

PIERRE

Certainement... Bonne chance, Madame.

Il sort

SCÈNE IV

ANDRÉ — LA DAME

LA DAME

Approchez, mon enfant.

ANDRÉ

Vous ne me ferez pas de mal, au moins ?

LA DAME

Regardez-moi bien et dites-moi si j'ai l'air de vouloir faire du mal à quelqu'un.

ANDRÉ

C'est vrai... vous n'avez pas l'air méchant.

LA DAME

Rassurez-vous donc et causons : Vous avez toujours peur.

ANDRÉ

Oui.

LA DAME

Et pourquoi ?

ANDRÉ

Je ne sais pas ; j'ai peur parce que... j'ai peur.

LA DAME

Savez-vous que la poltronnerie est une chose bien laide ?

ANDRÉ

Pierre me l'a dit.

LA DAME

Et Pierre a bien raison. On ne peut dire de son fils, de son frère, de son ami, qu'il est un poltron, sans rougir pour lui.

ANDRÉ

Que voulez-vous ? ce n'est pas ma faute, si j'ai peur.

LA DAME

Oui, c'est votre faute. Quand vous êtes pris de ces craintes imaginaires, rendez-vous en compte et vous les verrez disparaître aussitôt. Tout à l'heure, quand je suis entrée, vous avez eu un mouvement de frayeur, n'est-ce pas ?

ANDRÉ

Oui.

LA DAME

Et maintenant, vous êtes rassuré.

ANDRÉ

Oui.

LA DAME

Cela s'explique : La raison est venue à votre aide et votre frayeur s'est dissipée.

ANDRÉ

C'est vrai.

LA DAME

Il suffit de regarder les choses en face.

ANDRÉ

Pierre me l'a dit aussi.

LA DAME

Pierre est un garçon courageux et qui

deviendra un homme, car, voyez-vous, mon cher enfant, autant le courage est honoré, autant la poltronnerie et la lâcheté qui la suit toujours sont honnies et méprisées.

ANDRÉ

Oui, c'est beau d'être courageux et je voudrais l'être.

LA DAME

Eh bien! voulez-vous que je vous raconte une petite histoire?

ANDRÉ

Y a-t-il des voleurs?

LA DAME

Oui, des voleurs... de pendules. Écoutez-moi donc bien... Mais, d'abord, savez-vous ce qu'est la France?

ANDRÉ

Dans ma classe on n'en est pas encore à son histoire, mais je sais que la France est notre pays.

LA DAME

Oui, notre chère patrie... Je commence mon récit : Jadis, notre France était la reine du monde, elle marchait à la tête des nations et rien ne se faisait sans sa volonté... Vous ne saviez pas cela ?

ANDRÉ

Non, mais je suis content de l'apprendre.

LA DAME

Elle était puissante et forte et on la voyait toujours du côté du droit et de la justice. On l'appelait le Flambeau.

ANDRÉ

C'était bien, puisqu'elle faisait voir clair aux autres.

LA DAME

Aussi, un ennemi, caché derrière le mensonge et la fourberie, l'avait environnée d'espionnage et en mil huit cent soixante-dix, n'oubliez jamais cette date, mon enfant, il nous fut suscité une guerre longuement préparée et pour laquelle nous n'étions pas prêts nous-mêmes.

ANDRÉ

J'ai entendu parler de cette guerre, mais je ne savais pas tout ça.

LA DAME

Chose cruelle à dire! la vieille gloire de la France s'y perdit...

ANDRÉ, l'interrompant

Pourtant l'on s'est battu?

LA DAME

J'aime cette interruption, mon enfant. Oui, l'on s'est battu et battu héroïquement, mais l'ennemi avait jeté tous ses soldats sur le champ de bataille. Ils étaient dix contre un.

ANDRÉ.

Dix contre un, c'est trop !

LA DAME

Cependant on a fait des efforts inouïs, mais la force a primé le droit et la barbarie l'a emporté sur la civilisation.

ANDRÉ

C'est une injustice.

LA DAME

Nous avons été vaincus.

ANDRÉ, fermant le poing

Oh! les ennemis de la France!

LA DAME

Ce n'est pas tout encore : Avec une partie de ses trésors, on a arraché à la France deux filles qu'elle aimait avec adoration.

ANDRÉ

Deux filles ?

LA DAME

L'une s'appelait Alsace et l'autre s'appelait Lorraine.

ANDRÉ

Mais ces gens-là sont des voleurs !

LA DAME

Dont vous n'avez plus peur, j'espère ?

ANDRÉ

Non, car je jure que, lorsque je serai grand, je prendrai mon fusil et j'irai dire à ces gens-là : Rendez-nous ce que vous nous avez pris.

LA DAME

Et s'ils ne veulent pas ?

ANDRÉ

Je les tuerai !

PIERRE, paraissant au fond

Bravo ! André.

Il vient en scène

SCÈNE V

ANDRÉ — LA DAME — PIERRE

PIERRE

J'étais sûr, Madame, que vous dissiperiez les craintes d'André.

LA DAME

Il a suffi de faire appel à la raison et de démontrer que nous devons être tous forts et courageux en face de l'avenir.

ANDRÉ

Oui, je serai fort et courageux.

LA DAME

C'est bien. Maintenant, mes enfants, écoutez-moi : Je vais partir ce soir.

PIERRE

Ah ?

LA DAME

Oui, je me dirige vers le Midi.

PIERRE

Est-ce que votre absence sera longue ?

LA DAME

Elle durera un certain temps. Je vous l'ai dit, ma place est marquée auprès de la jeunesse française et je dois aller voir celle de là-bas ; mais je reviendrai, soyez-en sûrs.

PIERRE

Nous y comptons. Seulement, en attendant votre retour, dites-nous, je vous prie, votre nom pour l'invoquer comme un devoir quand vous ne serez pas là.

LA DAME

Vous voulez savoir mon nom?
Elle prend Pierre et André par la main et elle les conduit sur le devant de la scène

Eh bien! mes enfants, je m'appelle... La Revanche.

ANDRÉ

La Revanche! je mets ce nom dans ma tête.

PIERRE

Et moi, je le mets dans mon cœur.

La Dame gagne vers le fond, puis elle se retourne et elle envoie un baiser aux deux enfants.

TABLE

Le Rondeau.................................... 3
Le Docteur Sourabaya........................... 25
Roi et reine................................... 67
Les défauts de Paul............................ 95
Le Compliment.................................. 133
Un duel.. 163
Rose et Rosette................................ 195
Le petit prétentieux........................... 213
Les Heures..................................... 241
La Dame en noir................................ 263

Émile Colin. — Imprimerie de Lagny.

CHEZ LES MÊMES ÉDITEURS :

VOLUMES ILLUSTRÉS POUR LA JEUNESSE

EDGAR MONTEIL
JEAN-LE-CONQUÉRANT
Édition de luxe illustrée de 200 compositions, par Montégut
1 beau volume grand in-8 jésus

Prix : broché. . . . . 10 fr.
— relié toile, tr. dor., plaque. . . . . 14 fr.

BERTHE FLAMMARION
HISTOIRE TRÈS VRAIE
DE
TROIS ENFANTS COURAGEUX
Nouvelle édition
Nombreuses illustrations et planches tirées à part, par Montader.
Un volume grand in-8 jésus.

Prix : broché. . . . . 10 fr.
— relié toile, tr. dor., plaque. . . . . 14 fr.

ALPHONSE DAUDET
LA BELLE-NIVERNAISE
HISTOIRE D'UN VIEUX BATEAU ET DE SON ÉQUIPAGE
Édition de grand luxe, illustrée, par Montégut, de 200 gravures dans le texte et de 21 planches à part tirées en phototypie. Un beau volume in-8.

Prix : broché. . . . . 10 fr.
— relié toile, tr. dor., pl. or. . . . . 14 fr.

HECTOR MALOT
LA PETITE SOEUR
Édition spéciale pour la jeunesse
Un beau volume grand in-8 jésus, illustré par Chapuis, Dascher, G. Guyot, H. Mertin, Mouchot, Rochegrosse, Vogel, gravures de F. Méaulle.

Prix : broché. . . . . 10 fr.
— relié toile, tr. dor.. . . . . 14 fr.

Ouvrage couronné par l'Académie française
MARIE-ROBERT HALT
HISTOIRE D'UN PETIT HOMME
Édition de grand luxe, ornée de près de 100 gravures.
1 volume grand in-8 jésus.

Prix : broché. . . . . 10 fr.
— relié toile, tranches dorées. . . . . . . 14 fr.

DU MÊME AUTEUR
LA PETITE LAZARE
Édition de grand luxe illustrée, par Gilbert. 1 vol. grand in-8 jésus.

Prix : broché. . . . . 10 fr.
— relié toile, tranches dorées. . . . . . . 14 fr.

Les mêmes ouvrages reliés, en demi-chagrin, tranches dorées, 16 fr.

PARIS. — IMP. C. MARPON ET E. FLAMMARION, RUE RACINE, 26.

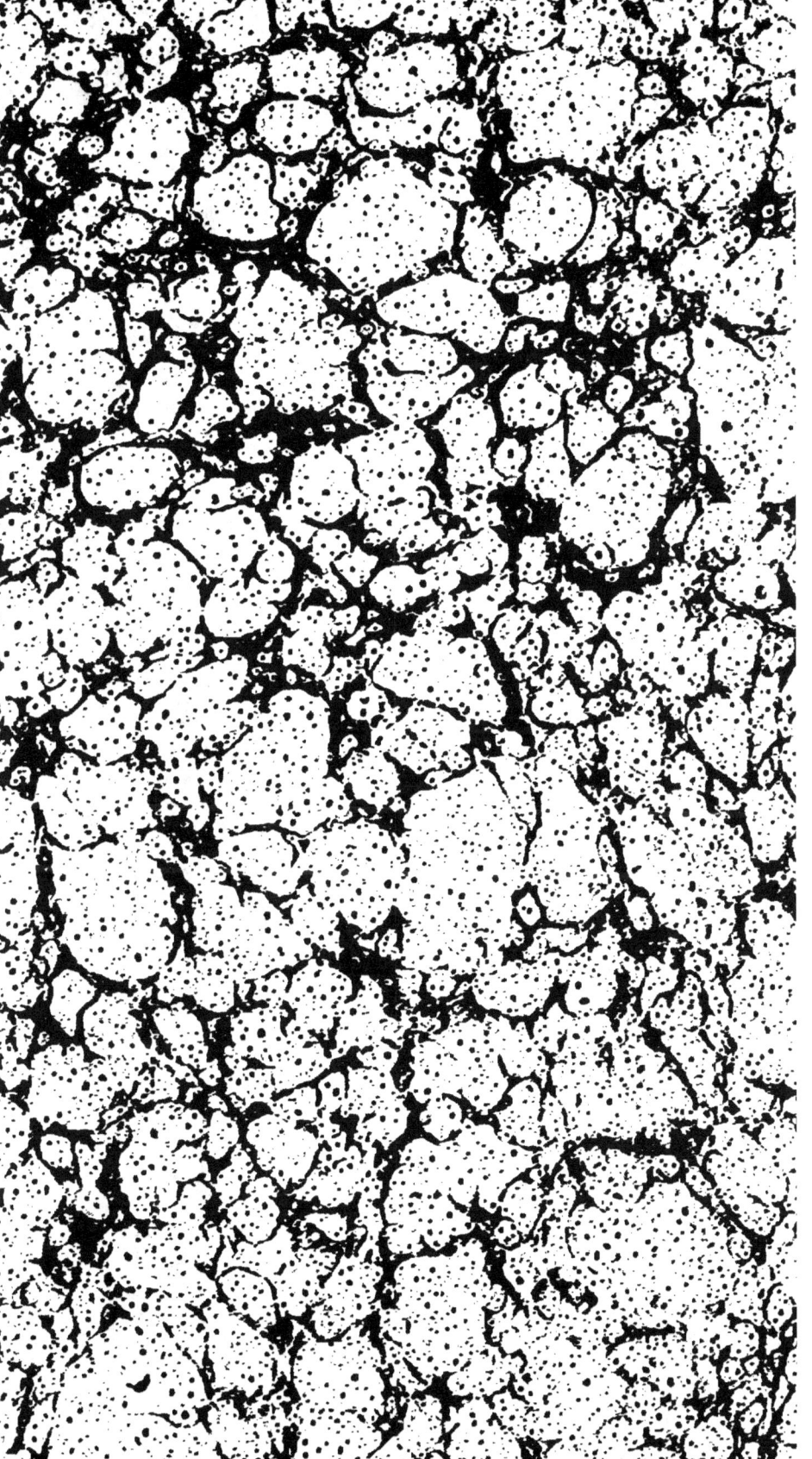

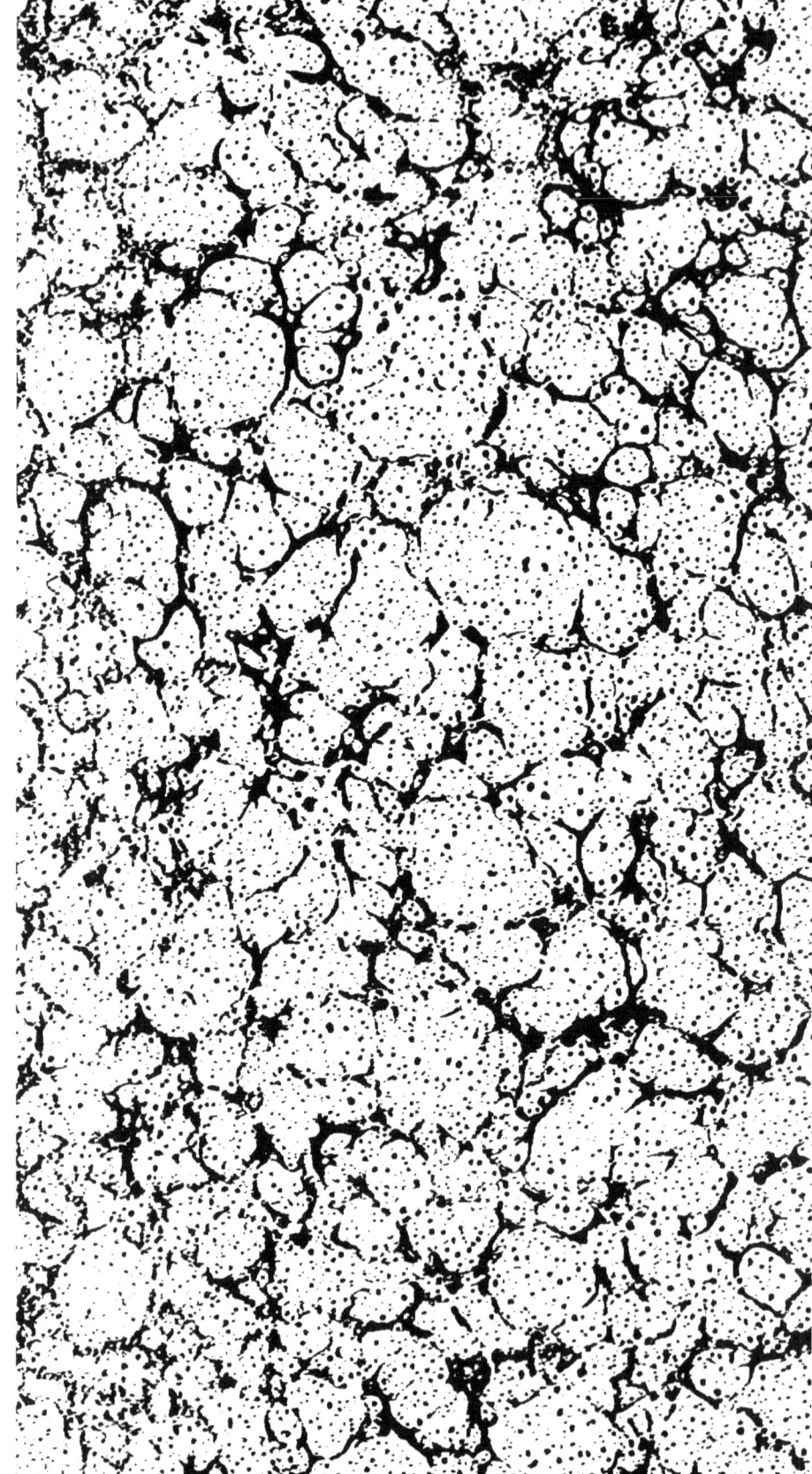

www.ingramcontent.com/pod-product-compliance
Lightning Source LLC
Chambersburg PA
CBHW071527160426
43196CB00010B/1694